中小学武术

基本功 拳操 剑 棍 对拳

王怀
/ 编著 /

文化发展出版社
Cultural Development Press

图书在版编目（CIP）数据

中小学武术 / 王怀编著. —北京：文化发展出版社，2021.7

ISBN 978-7-5142-3479-4

Ⅰ. ①中… Ⅱ. ①王… Ⅲ. ①武术–中小学–教材 Ⅳ. ①G634.961

中国版本图书馆 CIP 数据核字（2021）第 106751 号

中小学武术

王怀　编著

责任编辑：侯　铮　　　　责任校对：岳智勇

责任印制：邓辉明　　　　责任设计：郭　阳

封面设计：书香力扬

出版发行：文化发展出版社（北京市翠微路 2 号　邮编：100036）

网　　址：www.wenhuafazhan.com

经　　销：各地新华书店

印　　刷：成都兴怡包装装潢有限公司

开　　本：880mm×1230mm　1/32

字　　数：235 千字

印　　张：10.25

版　　次：2021 年 7 月第 1 版

印　　次：2021 年 7 月第 1 次印刷

定　　价：60.00 元

I S B N：978-7-5142-3479-4

序　言

吴　彬
武术国家级教练
中国武术研究院
专家委员会委员

20世纪60年代，在我执教的教师培训班上，一位青年中学教师引起我的注意，他就是王怀。我们一见如故，我约他到北京少年体校（什刹海）和青年队一起训练。由于他在大学从事了武术训练，有良好的基础，他本人很有悟性，进步很快。不久，就安排他协助训练少儿武术队。同时他在自己学校成立了武术队，第二年就获市中学武术赛集体项目冠军。从20世纪70年代起，王怀接替我承担了北京市教育局教师武术班的培训任务。武打片

“少林寺”在国内外上映后引起了武术热。我推荐王怀为北京各报社记者们作了“李连杰的成长”的报告会，除记者外还有教育界领导、体育院校师生参加，反应热烈。接着，又委托王怀将李连杰小时候的拳术写成书并在海外出版。

在《中国武术人名辞典》（《中华武术》杂志编辑部主编）中这样描述：“王怀……武术高级教练、武术国家级裁判。1959年考入北京师范大学体育系，学习举重、摔跤和武术……武功深厚，臂力过人，曾只身空手击退6名歹徒的拦路抢劫，并将首恶者脱白生擒……。参与编写了《文娱体育全书》和《中学体育基本教学》两书的“武术”章节，创编了《军用捕俘拳》和《匕首》套路……”

为照顾家庭，王怀于1983年调回老家常熟体委，任少年体校副校长兼武术教练。第二年，他教的一名8岁女孩在省少儿武术赛中获常熟体育史上首个武术冠军，得到体委领导肯定。从此，以石梅小学为基地的常熟少儿武术队成为省赛一支劲旅，屡屡夺冠。他创编了“石梅拳”、“石梅剑”，创编了武术操《中国功夫》等武术节目，以文娱形式在节日和政府欢迎外宾时演出，其中《剑舞》获北京国际武术邀请赛集体项目冠军并获24个单项金牌。教育局办的教师武术班，由王怀和弟子们任教，武术走进了常熟中小学。2011年，王怀晋升武术八段。

现在他年已八旬仍旧在推广中小学校的武术运动，算来已有60年。弘扬中华武术需要这样的老师和教练，他编写的《中小学武术》一书，对于武术进入中小学具有很好的促进作用，套路简单且内容丰富，便于推广，可以作为广大中小学的体育教师、武术教练以及武术爱好者在推广教学中的 一部非常优秀的基础教材。我点赞！

吴 彬

2019年12月

忘年之交

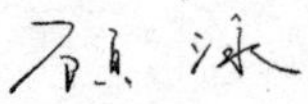

一辈子钟情中华武术推广的王怀教练，五十多年武术启蒙教育的智慧，终于付梓成集了。

作为他的忘年好友，我有幸提前读到了他付以一生心血的书稿。每一帧图、每一段字，都让我深深体会到了专业追求的极致用心，触摸到了掏心掏肺般愿把经验分享给有志于中华武术传播同行的赤诚。

和王怀教练成为忘年之交，源于我在学校工作的经历，但知晓王教练其实是早在我的学生时代。那时的常熟几乎无人不晓王怀教练的大名，无人不知他于武术推广的业绩，在北京任教多年，又在石梅小学创下常熟少年武术的辉煌。双目炯炯生威，面容硬朗果决，是对各种资讯的吸收后，我头脑中想象的王教练形象。

多年后偶尔的机缘，让我原有想象中的形象增添了柔情的色彩。朋友帮女儿报了武术兴趣班，那时，王教练已从体校退休，应邀在少年之家开设武术班。我们夸赞朋友每天坚持骑自行车往返十千米接送女儿的毅力，他却感叹那是外力所迫，他说：报名时只是想着武术是中华传统，让女儿一般性学学就行。可没想到负责上课的王教练认真极了，孩子们都被王教练的训练吸引，对习武的向往倒逼了家庭的支持。每天清晨六点送孩子到习武地时，王教练一定已在场上等孩子们了，风雨无阻，四季如常；每次参赛前的训练，王教练就让夫人给小朋友们加餐，熬土鸡汤外加水煮鸡蛋，自然得如同爷爷奶奶照料自家的孩子……

对王教练更立体的了解，则是在我担纲百年老校第25任校长，和同事们一起整理学校史料，编撰《石梅小学志》时。八十年代王怀教练从北京调回家乡工作，作为体校副校长兼武术教练，教体结合的项目就是到石梅小学带武术队。武术队的成立和校园武术的推广，伴着王怀教练精心设计的“常熟特色”拳械动作享有盛誉，成了老校长和老教师们回忆学校素质教育时热情澎湃的话题。翻看王怀教练带孩子们在桂花树下习武的老照片，颜色已泛黄，人影也模糊，但我依旧能感受到一股少年强则中国强的张力，带着收敛时冷静的清气，磅礴下犀利的气息扑面而来。

我和同事们决定联系王教练，邀请他作为校外专家，再回我校带武术队。自报山门直奔主题的电话交流，得到了快人快语令人惊喜的回应。

第一次见面，满头银发的王教练一如我印象里的武术高手：个子不高，目光炯谨、内劲充盈。但一提起少儿武术队，略带严肃感的神情，立刻舒放出孩子一样不设防的天真光芒，声音也即刻跳跃起来，他说：中国武术是中华传统文化大河里的支流，强身健体之外，对习惯的养育、坚毅品格的培植、对中华文化的理解，都是极好的载体。习武讲究武德，面对切磋交流，点到为止，意在技术和精神上的共同提升，时刻保持谦虚谨慎、正直公正，顽强自信、勇于进取的精神，武术里蕴含丰富的教育价值，这就是校园武术推广的意义……言谈间王教练会不由自主地武几个招式，疾若闪电，缓如流云，洒脱间瞬间收静，稳健又潇洒。话语、眼神和招式里盛满了对传统文化的热爱，让中华武术靠近更多孩子的期盼。

这样的见面自然就意味着我们的邀约得到了应允，然而这样的应允，之后于王教练却是无尽的辛劳。因为少年之家的武术班每天放学后他都有课，若要兼顾学校武术队，就需要和年轻时一样，一大清早便到校园训练。同时，由于校安工程改造，校园再次变得窄小。训练没有稳定的区域，只能在室内体育馆的一隅、校园过道和银杏树下随时切换。但“流动”的武术队没有“流散”，王教练的带队，让小小的武术队嵌入了无法撼动的定力。无论“流动”到哪个区域训练，他和徒弟小卢老师带着一群孩童锻炼的场景，都散发着心无旁骛的静气和专心致志的锐气。校园的晨光里，满头白发的他或示范或纠错，因车祸不再挺拔的身影或昂扬或温软的画面定格，也由此成了我生命里无法忘却的精神升旗仪式。

与王怀教练的情谊在这样的场景里蔓延滋长，我也因此能作为一名不谙武术的忘年好友，提前读到这册新书。这册用专业研究和实践打磨过的书，饱蘸理性思考的庄严和赤子情怀的炽烈，有一种震撼的力量，犹如在慵懒的沉睡中听到嘹亮的号角声，让人肃然起立。我相信，与我一样有缘遇到这本书的您，能典藏的不仅仅是属于少儿武术教育的专业智慧，还有用一辈子的热爱和钻研去成就专业高度的感动。

是为序。

前言

王 怀

武术高级教练

武术国家级裁判

武术内容极为丰富，有一百三十多个拳种，长拳只是其中之一。特点是姿势舒展、动作灵活、快速有力、造型优美。其动作幅度大，对关节的灵活性，肌肉韧带的弹性、延展性要求很高，经常锻炼对于青少年儿童身体的健康成长有非常好的促进作用，并能有效地提高学生的精神气质。

本书为中小学生编写的武术内容均属于长拳。所有内容均可作为教材，在体育课上进行教学，或在校外进行练习，亦可按图解和动作说明进行自学。只要坚持下去，均有很好效果。

本书从简单的基本功和基本动作开始，由易到难安排了多套武术操和拳械套路，均适合小学生和初高中学生练习。

其中少年武术操（一），是配合少年拳第一套而编写的。先学好操，即可顺利学好少年拳一套。同理，先学习少年武术操（二），即可顺利学好少年拳第二套。《中国功夫》武术操需按照《中国功夫》原歌曲，按拍进行，因有操，有拳，有“亮相”，有口号，所以在集体练习和全校练习时声势浩大、精神振奋、效果极好，也可作为文娱节目在舞台上表演，别具一格。“少年剑术”和“少年棍术”都是最基本的简单动作，是笔者于1978年在北京教育学院为武术骨干教师学习班编写的教材，现略作修改，以武术班小学生示范照片编进本书。

本书还安排了一套“捕俘拳”，可用作学生军训时练习，技击性强，同时加述了动作用法，体现攻防，除整套练习外，也可用其中单个动反复操练，提高攻防能力。“起步拳”是李连杰幼时的第一套拳，为区别于其他各种“初级拳”，起名“起步拳”，表示李连杰由此起步，在他的恩师吴彬教练的严格训练下，成为全国冠军，直至影视明星。“青年拳单练”和“对练”，可由初高中学生练习，动作不难，但对练时的配合较难，两人要经常练习互相配合，体现攻防含义，突出攻防意识，协调以后，攻防逼真，别有一番情趣。

本人1959年考入北京师范大学体育系，专修重竞技专业，其中举重、摔跤、击剑均有名师教学，并小有成就，唯其中武术一项，师从吴式太极拳传人王培生老师，使我在大学期间打下了武术基础，学习了国家规定的主要拳、械套路。毕业后，拜访过多位名师，如李秉慈老师、崔仲山老师、李德印教授等，在他们的长期指导下，学习了传统太极拳及国家规定的太极项目。但自从有幸结识了北京武术队总教练吴彬老师，其成为我的良师益友，在他多年的精心指导下，武术水平有很大提升，他引领我从一名体育老师走进了武术界，他的独特的武术教学和训练法及敬业精神，我看在眼里记在心里，收益极深，影响了我的一生。直至本人调回老家常熟在体校任武术教练时所带出的队员，无论在表演和竞赛中均有吴彬老师武术风格的影子。

对于以上各位恩师，感激之情实难以言表，唯继续努力以普及中小学武术为毕生事业，为弘扬中华武术、振奋民族精神，传承祖国文化遗产略尽薄力。

参与本书编著者还有黄琼、王迁、钱利民和潘磊。

常熟市两仪势武术俱乐部主任黄琼协调有关工作。

文稿打字者有卢倩漪、胡秋香、季玮、董璨榕、王迁；技术动作摄影者为沈一帆；本书示范动作者有陈诺、王彦力、王陈依、褚文怡、朱思宇、邵云鹏、管洲、朱汉辰。

在成书过程中，得到了市教育局顾泳老师的大力支持！

值此脱稿之际，谨此一并表示由衷感谢！

虽本人执教近60年，但因篇幅和本人水平有限，教学内容、动作说明等恐难完全符合广大教师和练习者的要求，故有不当之处，敬请批评指正。

王怀

2019年12月

目录

武术概述

中华武术，源远流长，博大精深，它有着悠久的历史和广泛的群众基础，是中华民族在长期生活与斗争实践中逐步积累和发展起来的一项宝贵的文化遗产。武术的内容丰富多彩，形式多样，风格独特。它不但具有强身健体、防身自卫、锻炼意志、陶冶情操的作用，而且还有竞技比赛、娱乐观赏、交流技艺和增进友谊的功能，是一项具有广泛社会教育价值和民族文化特色的优秀传统体育项目，是中国引以为傲的国粹之一。

一、什么是武术

在我国历史进程中，不同时期对武术概念的表述不尽相同。从历史上看有不少归属武术类的名称。如春秋战国时期称“技击”；汉代出现“武艺”一词，并延用至明末；清初又借用南朝《文选》中“偃闭武术”（当时泛指军事）的“武术”一词；民国时期称“国术”；中华人民共和国成立后仍沿用“武术”一词。

随着冷兵器的逐步消亡，专用武术器材的生产及拳械套路的大量出现，武术竞赛规则的制定，武术已演化为体育运动项目之一。武术的体育化使其内容、形式及训练方法都发生了很大变化，反映出武术本质属性的概念也在不断变化，发展到如今，武术的基本定义可概括为：武术是以技击为主要内容，以套路和搏击（包括器械）为运动形式，注重内外兼修的中国传统体育项目。

从这一定义出发来认识武术，首先武术属于中国传统的技击术。它是以踢、打、摔、拿、击、刺等技击动作为主要内容，通过徒手或借助于器械的身体运动来表现攻防格斗能力。比较世界各地的技击术，武术不仅在技击方法上更为丰富，而且有自己的传统特点（如快摔法、擒拿法、点穴术），从形式上，既有套路的，也有散手（散打）的，既是结合的，又是分离的。这都有别于世界各国的技击术，加上内外兼修和神形兼备的风格，无不反映了中国传统技击术的运动特点。

其次，武术是体育项目。套路运动中尽管有丰富的技击方法，但其宗旨是提高自身的身体素质和攻防能力，而不是将人致伤致残；散打运动固然更接近于实用技击，但由于受竞赛规则的规定，亦将其限制在体育之内。所以，武术具有明显的体育属性，体育是当今武术的主要社会功能。

再次，武术是优秀的民族文化。体育项目都含有一定的文化意义，但没有任何项目像武术这样具有浓郁的文化特征和民族色彩。武术是传统的、固有的，它在民族文化的总体氛围中孕育、产生、衍化发展，自然地融汇了易学、哲学、中医、伦理学、军事、美学气功等多种传统文化思想和观念，它内涵丰富，寓意深邃；既具备了人类体育运动强身健体的共同特征，又具有东方文明所有的哲理性、科学性、艺术性。它从一个侧面反映了东方的民族文化光彩。因此从广义上认识，武术不仅是一个运动项目，而且是一项民族体育，是中国人民长期积累起来的宝贵文化遗产。

二、武术的特点和作用

（一）武术的特点

1. 以技击内容的套路为主的体育运动。武术最初作为军事训练手段，技击目的是杀伤或驯服对方，这些技术至今仍在军队和公安中被采用。武术作为体育运动，技术上仍不失攻防技击的特性，而将技击寓于搏斗运动和套路运动之中。

在散打、短兵和搏斗运动中的技击技术，是受竞赛规则制约，以不伤害对方为原则，严格规定击打部位和保护护具。因此，武术的散打、短兵和搏斗等对抗运动中，具有很强的攻防技击性，但又与实用技击有所区别。

2. 具有内外合一、形神兼备的民族风格。既有形体规范又追求精神意识的内外合一整体观，是武术一大特点。所谓“内”，指心、神、意等心理活动和气息运行；所谓“外”，即手眼身步等形体活动。内与外，形与神是相互联系统一的整体。

3. 广泛的运应性。武术的形式、内容丰富多彩，不同年龄、性别、体质和不同生活环境的人均可在武术中选择到合适自己的拳种和形式进行练习，同时武术对场地、器材、季节、气候的要求较低。例如山上不便打球，可练武术；下大雨可在室内或办公室习武；年龄大体质差的可练太极拳；可一个人练，二人练亦可多人齐练。武术能在民间历久不衰，方便群众性体育活动，与这一特点不无关系。

（二）武术的作用

1. 强身健体、防身自卫。武术训练对人体的速度、力量、耐力、灵敏、柔韧等身体素质要求较高，全身各部位几乎都参加活动，对外能利关节、强筋骨、壮体魄；对内能理肺腑、通经络、调精神、提气质，对健体强身十分有利。武术动作都是以技击作为中心内容，习武能学会许多攻防格斗技能，对于防身自卫，尤其是对部队战士、公安或警员有实战意义和作用。

2. 增强意志，培养品质。习武对意志品质的锻炼是多方面的，如练习基本功、提高柔韧性时，要克服关节、韧带的酸疼，坚持日复一日的常年习武，锻炼坚持不懈的意志品质，竞赛时遇到强手，锻炼勇敢无畏、坚韧不屈的战斗意志，经过长期锻炼，可培养人的勤奋、刻苦、果敢、顽强、虚心好学、勇于进取的良好习性和意志品质。

“未曾习武先学礼、先习德”，是传统习武时把武德作为先决条件。如“尚武崇德”“尊师爱友”，包含了深刻广泛的道德内容。互教互学、以武会友、切磋技艺、讲礼守信、见义勇为、扶老携幼等品德是中国武术传统道德观念的体现，也大大有益于社会精神文明建设。

3. 竞技观赏、丰富生活。武术具有很高的观赏价值，无论是套路表演，还是散打比赛，或是太极拳推手，引人入胜，历来为人们喜闻乐见，并充分体现了中华民族的精神气质，给人以美的享受。

4. 交流技艺，增进友谊。武术运动内涵丰富，技理相通，入门之后会有“艺无止境”之感，人们通过武术活动，切磋技艺，交流思想，增进友谊。随着武术在世界广泛传播，还可促进与国外武术爱好者交流，国外朋友也可通过武术了解中国文化，探求东方文明，在与世界各国人民友好交往中发挥很大的作用。

三、武术的内容与分类

我国是具有五千年悠久历史的文明古国，地域辽阔，武术内容繁多，各地区也有不少地方拳种，目前经国家层面整理认定的就有 130 多个拳种，也有不少分类方式。根据运动形式，可分为功法、套路、对练、对抗、集体演练五种。

（一）功法运动

功法运动是以单个动作进行练习，达到健身或增强身体或某个部位的能力。如较长时间的马步桩、站立桩、浑元桩以调节身心，又如石担、石锁以增强上肢和全身力量等。

(二) 套路运动

套路运动是以技击动作为素材，以攻守进退、动静疾徐、刚柔虚实等运动的既矛盾又统一的运动变化规律编成的整套练习形式。其内容有拳术、器械、对练、对抗和集体演练。

1. 拳术：

拳术种类很多，如长拳、太极拳、南拳、形意拳、八卦掌、通背拳、象形拳等。

①长拳，是一种姿势舒展、动作灵活、快速有力、节奏鲜明，并有蹿蹦跳跃、闪展腾挪、起伏转折和跌扑滚翻等动作与技术的拳术。如查拳、华拳、炮拳、洪拳、花拳、戳脚、翻子拳均属长拳类拳术。

②太极拳，是一种柔和、缓慢、轻灵的拳术，它以掤、捋、挤、按、采、挒、肘、靠和进、退、顾、盼、定为基本十三势。传统太极拳有杨式、陈式、孙式、吴式和武式等五种较有影响的流派。

③南拳，是一种流传于我国南方的拳势刚烈的拳术，多种流派各有特点，一般腿不高踢，多桥法，擅标手。运动特点是动作紧削，刚劲有力，步法稳固，手法多变，身居中央，八面进退，常以发声吐气助发力助拳势。

④形意拳，是以三体式为基本姿势，以劈、崩、钻、炮、横五拳为基本法则，并吸取了龙、虎、猴、马、鼍、鸡、鹞、燕、蛇、骀、鹰、熊十二种动物的形象击法而组成的拳术。运动特点是：动作整齐，严密紧凑，发力沉着，朴实明快。

⑤八卦掌，是以摆扣步为主，在走势中换招变势的拳术。

⑥通背拳，是以摔、拍、穿、劈、攒等五种基本手法为主的拳术。

⑦地躺拳，是以跌、扑、滚、翻等地躺摔法和地躺腿法为主的拳术。

⑧象形拳，是模拟各种动物的特长的拳术，如鹰抓拳、螳螂拳、猴拳、蛇拳、鸭形拳、狗拳等。

2. 器械

器械可分为短器械、长器械、双器械、软器械四种。

（1）短器械：以刀术、剑术为主。

刀术：刀由背、刃、尖、护手盘和刀把构成。刀的长度以直臂垂手托握护手盘，刀刃向前，刀尖向上；刀尖不得低于本人耳朵上沿为准。刀术（单刀）是以缠头裹脑和劈、扎、撩、斩、挂、刺等基本方法为主，配合步型步法跳跃等动作组成的套路。特点是勇猛快速、激烈翻腾、紧密缠身、雄健剽悍，有“刀如猛虎”之说。

剑术：剑由刃、尖、脊、护手及剑把构成。剑的长度以直臂垂手反手持剑，剑身贴小臂，剑尖向上，剑尖不得低于本人耳朵上沿为准。剑术（单剑）是以劈、刺、撩、挂、点、崩等剑法，配合步型步法所组成的套路。单剑有短穗和长穗之分，各有不同练法。特点是轻快洒脱、身法矫捷、刚柔并济、快慢相兼、节奏鲜明，有“剑如飞凤”之说。

（2）长器械：棍术、枪术、大刀等为主。

棍术：棍的长度同本人身高或略高。多用白蜡树去皮后的白蜡杆，分棍梢、棍把、棍身三部分。以劈、撩、扫、戳、抡、舞花等棍法为主，配合步型步法组成的套路。特点是勇猛泼辣、密集如雨、气势磅礴，有“棍扫一大片”和“狂风卷叶”之说。

枪术：枪的长度同本人直立直臂上举的手指处。由枪头、枪缨和枪杆组成。枪术是以拦、拿、扎为主和劈、崩、点、穿、挑、舞花等枪法配合步型步法组成的套路。特点是力贯枪头、上下翻飞、变化莫测，有“枪扎一条线”和“枪如游龙”之说。

刀术：以劈、砍为主，结合舞花、背花等动作组成的套路，特点是“劈刀递攥”，既有刀法，也有刀把尾部攥法的使用方法，大劈大砍，气势轩昂。

（3）双器械：如双刀、双剑、双钩等。

双刀：主要以劈、斩、撩、绞等刀法结合双手左右缠头、左右腕花、交互抡劈等变化所组成的套路。特点是刀法密集、贴身严谨、左右兼顾、边走边打，有“双刀看走”之说。

双剑：主要以穿、挂、云、刺等剑法结合身法、步法双手交替运使的套路。特点是：身随剑动、步随身移，剑法、身法、步法三者合一，潇洒奔放、矫健优美。双剑也有短穗和长穗之分，其练法也各有特点。

双钩：主要以勾、搂、锁、拴等方法所组成的套路。特点是钩走浪势、身随钩走、钩随身活、身灵步轻、洒脱多变等。

（4）软器械：如九节鞭、三节棍、绳标、流星锤。

九节鞭：主要以抡、扫、缠、拴等软鞭鞭法所组成的套路。特点是鞭走顺劲、抡舞如轮、横飞竖打、势势相连、时硬时软，软时似绳索缠绕，硬时似铁棒抡转。

三节棍：主要以抡、扫、劈、舞花等棍法组成的套路。特点是能长能短、软硬变幻、勇猛泼辣、势如破竹。

绳标、流星锤：是以绳索缠绕身体各部而变化出各种击法和技巧所组成的套路。特点是一根长索在身体前后、腿、颈部缠绕收放，出击自如、变幻莫测。

（三）对练项目

对练是两人或两人以上，按照预定的程序进行的攻防套路。包括徒手对练、器械对练、徒手与器械对练三种。

（1）徒手对练：是用踢、打、摔、拿等方法，按照攻、守、进、退、还击等运动规律组成的拳术对练套路。如对打拳、对擒拳等。

（2）器械对练：是以器械的劈、砍、击、刺等技击方法组成的对练套路。主要有长器械对练、短器械对练、长与短对练、单与双对练等。如单刀进枪、三节棍进棍、双匕首进枪、对刺剑等。

（3）徒手与器械对练：是一方徒手，另一方持器械进行的攻防对练套路。如空手夺刀、空手夺棍、空手进双枪等。

（四）对抗项目

对抗项目也称搏斗运动，是两人在一定条件下，按照规则进行斗智较力，进行技击较量的对抗练习，相比对练套路，对抗是没有预定程序而是随机应变的运动。如散手（也称散打）、太极推手、短兵等。

1. 散手：是两人按规则使用踢、打、摔、拿等方法制胜的竞技项目。还需按体重分为若干组别。

2. 太极推手：是两人按规则使用掤、捋、挤、按、采、挒、肘、靠等手法，通过感觉判断对方劲路，然后借劲发力将对手推出、推倒而定胜负的竞技项目，正规比赛时也需按体重分若干组别。

3. 短兵：是两人手持特制的短器械（为藤、皮、棉制作的短器械）在规定的场地内，按规则使用劈、刺、砍、崩、撩等方法战胜对手的竞技项目。

（五）集体演练

集体演练是集体进行的徒手、器械或徒手与器械的演练。在竞赛中，通常按规程规定的人数进行，可变换队形，组成图案，或造型。也可用音乐伴奏，队形既可整齐划一，也可错落有序，男女协调搭配，进行对练、合练等多种形式进行表演。

武术的礼节

我国是礼仪之邦，有着悠久的道德文化，各行各业均有各自的职业道德，如医生讲“医德”，教师讲“师德”，武术就要讲“武德”。武术界传承“习武先学德”“学艺先学礼”的传统，所以，习武者首先要遵守武术礼节，在实际训练中贯彻和体现武术礼节；武德中就包括武术的礼节。

中国武术协会对于武术礼节的方式作了统一规定。武术的行礼方式就体现了武术的礼节，是武德的内容。在此作简略介绍。

一、徒手礼

徒手礼分抱拳礼和注目礼两种，在此只介绍抱拳礼。

抱拳礼

抱拳礼：并步站立，右手握拳，屈肘置于胸前 20–30cm 处，高与肩平，拳眼斜对胸部；左手四指并拢伸直成掌，拇指第一指节屈拢贴靠于掌侧边缘；左掌心贴在右拳面上，指尖平齐上颌。两肘尖略下垂低于肩，两臂略向前撑圆。头正、身立、目视受礼者，面容严肃庄重、认真大方。

右拳表示“五湖四海”（五个手指和四个指间隙）武林同人团结一致显示武功、武力和刻苦习武之意；左掌表示德、智、体、美、劳齐备，象征高尚情操；屈拇指表示谦虚不自满、不骄傲，不称霸，不以“老大”自居的高尚武德。左掌贴压在右拳面上表示“武不犯禁”“勇而不莽”，武力要受武德的约束，该出手时要出手，如抗暴御敌以镇邪，相助相救于危难；不该出手绝不动武，要自制，冷静，有理有节之忍让。体现高尚武德。

二、持、递、接器械礼

持械、递械、接械礼，因所持器械不同而略有不同，如持刀、持棍、枪和持双器械、软器械等均有不同规定，这里只介绍持剑、递剑、接剑礼。

1. 持剑礼

并步直立，左手持剑（持剑动作请参看“剑术”部分），剑身贴前臂外侧，屈臂横于胸前，剑刃朝上下，右手拇指屈拢斜掌侧立，以掌根附于左腕内侧，两腕与肩同高，肘部略下垂，两臂撑圆，目视受礼者。

2. 递剑礼

并步直立，左手托护手盘，右手托剑身，使剑平横于胸前，剑尖向右，目视接剑者。

3. 接剑礼

并步直立，左掌心向上，托剑于递剑者两手间，右手手心向下握剑柄，目视右手接剑。

三、抱拳礼的应用

1. 上课前师生问好，如学生集体呼“老师好！”同时行抱拳礼，老师回礼“同学们好！”同时回抱拳礼，老师首先将双手放下后，学生才放下双手。

下课时，老师说“下课”，学生齐声呼“老师再见”同时行抱拳礼，老师回礼呼“再见”同时回抱拳礼，老师放下双手后学生再放下双手。

2. 路遇老师、教练、武术前辈及好友等，主动行抱拳礼并同时说称呼，如“老师好！”受礼者即回抱拳礼或回点头礼呼“你好！”

3. 上场表演，向观众行抱拳礼，集体表演时，可由一人作代表向观众行抱拳礼；表演结束也行抱拳礼。

4. 接受奖励时向颁奖者行抱拳礼，受到表扬或有掌声时，可行抱拳礼以示感谢。

5. 上场比赛时向裁判、评委行抱拳礼；比赛结束离场同样行抱拳礼。

6. 其他表示尊敬或感谢，在重要场合均可以抱拳礼表示，需严肃庄重、认真大方。若遇好友、长辈或欢乐场合面部可微笑，表示高兴。

基本功和基本动作

肩部练习

一、双臂振肩

预备：两脚左右站立，与肩同宽。

动作：十指体前交叉，掌心向上，双臂内旋上举于头正上方，掌心翻向上；两臂同时向头后直臂振动后还原至头上方。眼向前平视。(图 1)

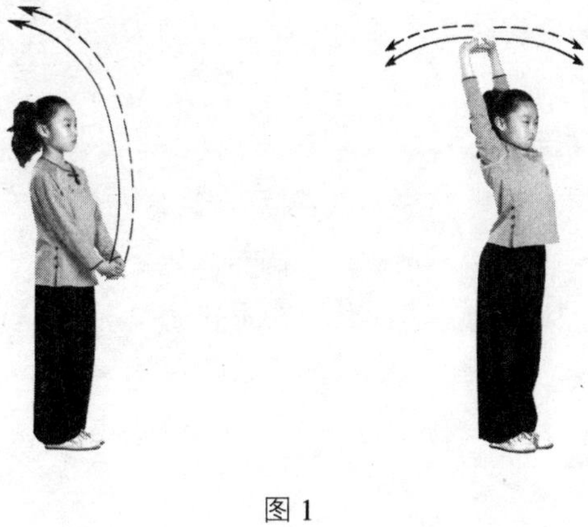

图 1

要点：两手十指交叉不能分开。两臂伸直后振时头保持不动。

二、单臂振肩

预备：前后弓步站立

动作：一臂伸直经前向上、向后振臂拉伸，另一臂伸直同时在体侧由下向后振臂拉伸，左右交替，眼向前平视。(图 2)

图 2

要点：两臂均伸直，向上的臂要振到头部后方，着力点于肩关节。两手半握拳。

三、双臂压肩

预备：两人相对站立，距离一大步，两脚左右开立约同肩宽，互相按扶肩部（一人做可手扶器械）。

动作：上体前俯，连续做下振压肩动作。(图 3)

图 3

要点：两臂两腿要伸直，挺胸、塌腰、收髋、压点集中肩部。

建议：两人做时可互给助力，有节奏地下振。单人扶器械做时，另一人可按其背部给以助力。助力由小到大，振幅逐步加大。

四、反压肩

预备：背向肋木，两脚开立与肩同宽。

动作：两臂后伸，手心向下，抓握齐腰高度的肋木横杆或椅子靠背，慢慢下蹲，使肩关节向后向上拉伸。（图 4）

图 4

要点：肘关节伸直，下蹲要慢，逐渐加力至肩关节酸痛，再起立。反复练习。

五、过肩

预备：两脚开立与肩同宽或并步站立，双手握短棍，手间距略比肩宽，直臂置于体前下。

动作：直臂举棍至头上方，两臂肩关节边内旋边向后直臂下落；然后向上向前反向还原。(图5)

图5

要点：整个过程保持直臂，如过不去肩，可加大双手间距，间距越小，肩关节柔韧性越好。可用短绳（如短跳绳）拉直代替短棍。

六、单臂绕环

预备：左弓步站立，左手叉腰（或按在左膝上），右臂垂于体侧，五指并拢伸直，眼向前平视。

动作：右臂以肩为轴做向前和向后绕环。左右臂交替进行。(图6)

图 6

要点：直臂，松肩、划立圆。

七、双臂前后绕环

预备：两脚左右开立，与肩同宽，两臂垂于体侧。

动作：两臂依次绕环。右臂由下向前、向上、向后、向下、向前绕环，左臂待右臂绕至向上部位时开始做前绕环。再做相反方向绕环，正反交替进行。(图 7)

图 7

要点：同单臂绕环，但腰部应注意放松并随两臂绕环稍做转动，绕环速度逐渐加快。

腿部练习

一、正压腿

预备：面对一定高度的肋木或物体站立。

动作：右腿提起，勾脚尖，脚跟放在肋木上或桌子边上，踝关节屈紧，两手扶按膝上，向前下做压振动作（图8）。左右腿交替练习。

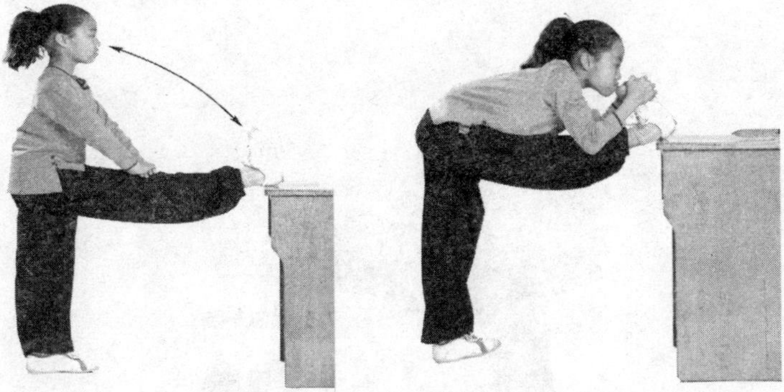

图8

要点：两腿伸直，立腰，正髋，被压腿的另侧肩内合，压腿时保持挺胸、直腰姿势。

教学提示：集体压腿时，可在统一口令下有节奏地进行。动作幅度因人而异，压至有疼痛感觉时可停住不动（即“耗腿”练习）。压腿与耗腿可交替进行。

易犯错误及纠正方法：

1. 两腿不直。纠正方法：在作压振动作前应检查身体姿势是否符合要求，抓住挺膝、正胯两个环节。可用手按压膝部。

2. 上体不正（收不住髋）。纠正方法：先做低压腿，注意身体略向被压腿一侧转动，压振时异侧肩胸稍内合前压。可用双手抱住脚掌。防止出现弓背、低头现象。

二、侧压腿

预备：侧对一定高度的肋木或物体站立，以右腿为支撑腿，右脚尖稍外撇。

动作：左腿举起，脚跟放在器械上，踝关节屈紧。右臂上举，右肘稍屈，左掌置于右肩前。两腿伸直，立腰开髋，上体向左侧压振（图9）。左右腿交替练习。

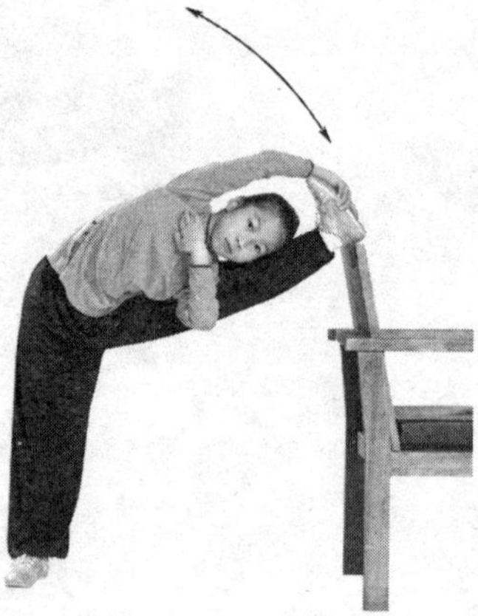

图9

要点：侧振时保持立腰、开髋，左肩向左膝内侧压振（向里掖肩），左髋前送，右臂向头后伸展，帮助躯干侧屈。

教学提示：同正压腿。

易犯错误及纠正方法：

1. 两腿不直。纠正方法：侧压前先检查身体姿势是否正确。强调挺膝，向前送髋。

2. 侧压时向被压腿一侧转体。纠正方法：练习时强调掖肩，向前送髋，支撑腿脚尖外展，上举臂向头后伸展。以压左腿为例，教师可站在练习者身后，用左手向前推练习者左肩，右手向左下方轻压练习者右臂。

踢腿（直摆性腿法）

三、正踢腿

预备：并步直立，两臂侧举成立掌，掌心向外，掌指向上。(图 10 甲)

动作：以踢右腿为例。左脚向前半步，重心移至左腿，右腿挺直勾起向前额处用力踢起，落下后还原成并步直立。眼向前平视。(图 10 乙)

图 10 甲

图 10 乙

要点：踢腿时头正、沉肩、挺胸、立腰、收腹，脚尖勾紧并加速上踢。支撑腿脚趾抓地，往后挺膝，两臂平举不晃动。

教学提示：

1. 可一手扶墙，另一手侧立掌，先勾脚慢踢、踢低，逐渐踢高、踢快，左右交替练习。

2. 不扶墙，两掌侧立，按照口令多次踢同一腿，然后交换踢。

3. 行进踢，左脚上步，踢右腿，落下并步，再右脚上步，踢左腿，落下并步。反复地向前行进并交替踢腿。

四、侧踢腿

预备：并步直立。

动作：以踢左腿为例。右脚向前上半步，脚跟着地，脚尖外展，重心移至右脚，左脚跟稍提起。身体向右转 90 度，左臂前伸，右臂后举（图 11 甲）。随即左脚尖勾紧向左耳外侧踢起，同时右臂屈肘上举亮掌，左臂屈肘立掌于右肩前。眼向前平视。(图 11 乙)

图 11 甲

图 11 乙

要点：挺胸、立腰、侧身、开髋、收腹。其他参看正踢腿。

教学提示：

1. 可先练压腿和摆腿，再练踢腿。

2. 手扶器械原地踢一条腿，然后两腿交替踢。

3. 原地或上步踢低腿，要求严格按要领踢。

4. 行进间左右交替踢腿。

易犯错误及纠正方法：

1. 俯身弯腿。纠正方法：强调立腰、收下颌、头上顶，支撑腿向后挺膝，两臂外撑以固定胸廓。

2. 拔根（支撑腿脚跟提起）或送髋。纠正方法：上步可小些，上踢时支撑腿挺膝，脚趾抓地，收髋收腹。

3. 踢腿慢而无力。纠正方法：加强屈髋肌群力量和髋关节柔韧性锻炼。可用手扶器械，一腿支撑，另一腿连续按口令要求的速度踢。

五、里合腿（推荐动作，身体素质较好者可试练）

预备：同正踢腿。

动作：以踢右腿为例。左脚向前半步，重心移至左腿，左腿挺膝支撑，右脚勾起向右前方踢起，然后向左，脚尖内扣经过额前向左侧扇形摆动，使脚底向左内扣，同时左掌大拇指向上用掌心在左前方迎击右脚底，击响后右腿在体左侧下落，与左脚相靠还原成并步。如果不绷脚而保持勾脚尖，可以不击响而还原成并步。(图 12)

图 12

要点：整个动作要保持支撑腿挺膝伸直，摆动腿是立圆扇形摆动，贴近头额。

教学提示：

1. 体前放一凳子（可在凳子上放物以增加高度），左足在前稍外展，用右脚做里合动作，跨过凳子后还原，反复练习，左右交替。可分 2—3 人一组，排队轮流练习。

2. 熟练后，腿即可和掌心击响。

3. 要明确主要是脚击手，而不是手击脚，手的击拍动作要小，加大里合腿摆动的幅度。

4. 熟练后，可行进练习，上左步，右里合；上右步，左里合，交替进行。

易犯错误和纠正方法：

1. 低头弯腰。纠正方法：强调挺胸立腰，多练压腿，提高腿部柔韧性。

2. 击拍不准、不响。纠正方法：如右腿里合，击拍时右膝放松一些有利于脚内扣使脚底准确向左，便于击准击响，要反复多练。多做仆步下压动作以加强踝关节灵活性。

3. 里合幅度小。纠正方法：支撑腿脚尖向外展，里合腿起腿落尽量接近肩部，多做横劈叉练习以加大两腿左右活动幅度。

六、外摆腿（推荐动作）

预备：同正踢腿。

动作：以踢右腿为例。左脚向前半步，重心移至左腿，左腿挺膝支撑，右脚勾起向左前方踢起，然后绷脚尖经过前额向右侧扇形摆动，同时右掌拇指向上，用掌心在右前上方迎击右脚面外侧，击响后右腿在体右侧下落，与左脚相靠还原成并步。如果不绷脚而保持勾脚尖，可以不击响而还原成并步。（图 13）

图 13

要点：同里合腿，唯摆腿方向相反，击拍部位在脚面外侧。

教学提示：同里合腿。

易犯错误和纠正方法：同里合腿。

弹、蹬腿（屈伸性腿法）

七、弹腿（弹踢）

预备：并步直立，两拳抱贴于腰侧，拳心向上。

动作：以弹右腿为例。右腿屈膝上提，右大腿提至接近水平时，右小腿向前上用力弹出，脚面绷平，高与腰平。支撑腿伸直或微屈。眼向前平视。（图 14）

图 14

要点：提膝时膝关节放松，自然弯曲，弹踢要有寸劲，脚面绷直，力达脚面。挺膝、直腰、收腹、收髋。

教学提示：

1. 一腿支撑，另一腿提起，连续做小腿弹踢动作。要求弹踢要快而有力，脚面绷平。

2. 练低弹腿，然后逐步增加弹腿高度至水平。

3. 行进间两腿交替弹踢。

易犯错误及纠正方法：

1. 屈伸不明显，类似踢摆动作。纠正方法：强调先提膝再弹小腿，并要求提、弹协调用力。

2. 力点不明显。纠正方法：强调猛挺膝、绷脚面，弹出后保持姿势静止 1—2 秒，体会弹击力度。

3. 支撑腿站立不稳。纠正方法：强调弹踢时收髋，要求重心不随弹踢前移，头部向上提顶。

八、蹬腿（蹬踢）

预备：同弹腿。

动作：基本同弹腿，只是蹬伸小腿时注意勾脚尖，蹬脚跟。（图 15）

图 15

要点、教学提示、易犯错误和纠正方法：要求勾脚尖，力达脚跟，其余与弹踢相同。

九、侧踹腿

预备：同弹腿。

动作：以踹左腿为例。右腿伸直支撑，左腿屈膝提起，脚跟用力向测下方或侧上方踹出，脚外侧朝上。(图 16)

图 16

要点：开髋、挺膝、猛踹、力达脚跟，也可力达脚外沿，成“铲”腿状，效果相同。左腿踹出后，脚跟、臀部、腰背应在一个平面上。

教学提示：做低踹腿，速度和力量逐渐加大，着重体会正确的用力方法。行进间左右交替做。

易犯错误及纠正方法：

1. 脚尖朝上成侧蹬腿。纠正方法：强调侧踹腿内旋和扣脚尖。

2. 高踹腿时高度不够或收髋。纠正方法：多做仆步压腿、侧压腿和横叉等练习，发展髋关节和踝关节柔韧性，还可扶一定高度的物体练习侧踹，使腿踹得高。踹腿时上体可稍向异侧倾倒。

腿部练习提示

1. 压腿和踢腿都是发展髋关节柔韧性的方法。踢腿是爆发式练习方法，它除了能发展柔韧性外，还能较好地发展速度、力量素质，让练习者掌握发力的方法。古有谚语“打拳不溜腿，到老冒失鬼”，说明了历来武术界对用踢腿方法来发展下肢柔韧、速度、力量等素质的重视。压腿是静力性练习，它的优点是能有意识地放松伸肌，使之慢慢拉长，锻炼效果较好。上述两种方法结合使用，既可有效地发展柔韧性，又可避免柔而无力。在教学中可按“压、摆、踢”或“压、控、摆、踢”的顺序进行练习。

2. 弹踢、蹬踢、侧踹是攻击性腿法，练习时要有进攻意识，要注意用力顺序、力的传递和着力点，要做到“起于根（胯）、顺于中（膝）、达于梢（脚）”，使动作快速有力。

3. 压、踢腿之前要做准备活动，练习之后要做放松练习，以提高锻炼效果，并避免受伤。

4. 屈伸性腿法练习可结合手法练习，如弹踢冲拳、蹬腿推掌等。在原地练习的基础上，可做行进间弹踢冲拳等动作。

腰部练习

一、前俯腰

预备：并步直立，两手十指交叉，手心朝上，自然垂于身前。

动作：两臂伸直内旋上举至头上，手心翻向上，随后上体前俯，两手尽量贴地。可把两手松开，抱住两脚跟部，逐步使胸部

贴近腿部，静止一定时间再起立。还可以向左向右侧转体，两手在脚外侧贴触地面。(图 17)

图 17

要点：体前俯时，尽量拉伸腰部，两腿挺膝伸直。

教学提示：

1. 从两臂伸直上举时做向上拉伸腰部动作后再向前向下做压振动作，逐渐加大压振幅度、力度。

2. 可组织比赛，动员学生努力争取好成绩，如双手过膝为中等，手指触地为良好，手掌触地为优秀。

二、反臂前俯腰（推荐动作，可试教）

预备：开步与肩同宽站立，两手在身后十指交叉，手心向上。

动作：上体向前向下，两臂即后上举，随前俯动作一起向前下压振，逐渐接近地面，通过多练后反臂逐渐接触地面。(图 18)

图 18

要点：同前俯腰。该动作可同时练反臂拉伸肩关节。

教学提示：

1. 反臂前俯时，要逐渐加力。经常练习后，两手可反臂触地。

2. 可组织比赛，动员学生努力争取好成绩，如双手过膝为中等，手指触地为优秀。

3. 可在垫子上练习，老师在侧方保护，防止下振时向前栽倒，如不小心前栽，可立即低头作前滚翻动作，决不能抬头，避免前额触地造成颈部受伤。

三、甩腰

预备：开步站立两臂上举。

动作：以腰、髋关节为轴，上体做前后甩动动作，两臂要随腰甩动，两腿伸直。（图 19）

图 19

要点：前后甩腰要先慢后快，动作幅度先小，后逐渐加大。

教学提示：先做体前后屈动作，再加快速度做甩动动作。也可一手扶齐腰高的器械，另一手随腰部甩动挥摆。

四、涮腰

预备：两脚开立，略宽于肩，两臂自然下垂。

动作：上体向左前俯，两臂随之向左前下方伸出，以腰、髋关节为轴，上体向前、向右、向后、向左翻转绕环。(图 20)

图 20

要点：腰部要放松，以两臂的摆动帮助上体翻转绕环，躯干在向侧、向后翻转时加速。

教学提示：

1. 先分节拍做练习。口令“1”，上体向左前俯；口令“2”，转向右前；口令“3”，翻转向右上；口令“4”，翻转向左上。臂随躯干摆动。

2. 做完整动作，幅度逐渐加大，速度逐渐加快。左右方向交替进行。

3. 涮腰后可下蹲弓腰休息片刻，以防头晕。

腰部练习提示

腰是联系上下肢的纽带，腰部灵活有力才能做到上下配合协调自如。谚语说：“练拳不活腰，终究艺不高”，就是强调腰部练习的重要。武术运动提出“腰似蛇行”，就是要求腰部有很好的灵活性，柔韧性，在运动时像蛇那样曲折多变、协调自如。

手型手法

手型有拳、掌、勾三种：

一、拳：四指并拢卷握，拇指屈压于食指和中指的中节上。拳握正，拳面平，腕要直。(图 21)

二、掌：四指并拢伸直，向后张紧，拇指第一指节弯曲紧扣虎口处。(图 21)

三、勾：五指尖捏拢屈腕。(图 21)

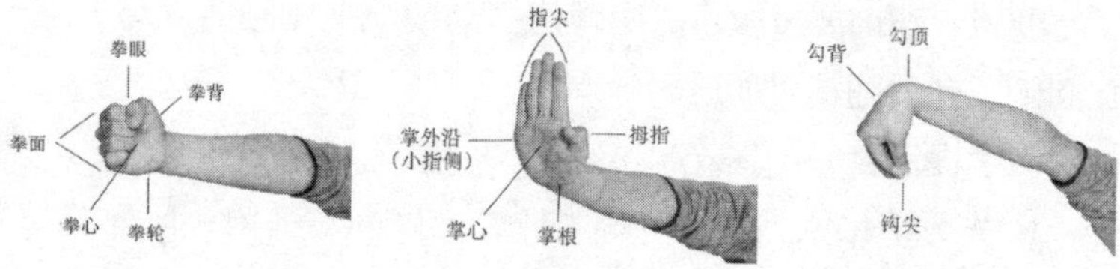

拳　　　　掌　　　　勾

图 21

手法有多种，这里列举冲拳、架拳、亮掌等六种。

一、冲拳

预备：两脚左右平行站立，脚尖向前，与肩同宽。两手握拳抱贴于腰侧，拳心向上，肘尖向后。眼向前平视。（图 22）

动作：右拳从腰间向前伸出，在右肘关节过腰时，右前臂随之内旋伸直将拳冲出，拳心向下为平拳，拳眼向上为立拳，臂伸直高与肩平，力达拳面。同时右肩前顺，左肘后引，挺胸立腰，收腹。眼向前平视。（图 23）

图 22

图 23

要点：冲拳时肩肘放松，拳走直线，拧腰、顺肩、旋臂，要协调一致有寸劲，力达拳面。

教学提示：

1. 分解教学：口令“1”时，拳从预备姿势时所在的腰间向前冲出一段距离，使大臂与地面垂直，肘不过腰，拳心向上；口令“2”时，内旋前臂，拳再向前冲至直臂高与肩平，拳心向下。

2. 冲拳练习。先慢做，不用全力，弄清冲拳路线，然后逐渐快速有力。先练一侧冲拳，然后左右交替冲拳，交替冲拳时要求一拳前冲，同时另一侧收拳并向后引肘。

易犯错误及纠正方法：

1. 握拳不正，拳面不平，拇指压于食、中指下或附于食指侧。纠正方法：向学生讲“握拳如卷饼”，要求食、中、无名、小指先由远及近卷屈握正，不要握太紧，然后拇指压于食、中指上，检查是否做到拳面平、手腕直。

2. 冲拳时肘外展，旋臂过早。纠正方法：（1）强调肘贴肋运行，肘过腰时内旋前冲，做到拳到旋停。（2）让学生们间隔约 10 厘米抱拳站立，听信号的同时冲拳，要求肘不能互相触碰，促使肘贴肋运行。（3）经常练习教学提示“1”。

3. 冲拳无力。纠正方法：强调松肩活肘，冲拳快速。

4. 耸肩、弓腰、低头。纠正方法：强调沉肩、沉肘、立腰、头正、眼向前平视。

二、架拳（架掌）

预备：与冲拳同。

动作：以架右拳为例。右拳向下，向左、向上、经头前向右上方划弧，小臂内旋，在右肩上方架起，拳心向上。架拳同时向左甩头。如把拳改为掌，向上架起，即为架掌，掌心向上。眼看

左方。(图 24)

图 24

要点：拳过肩向上时急内旋，肩放松，肘放松使臂略成弧形，力点在小臂尺骨外侧。

教学提示：

1. 分解教学：口令“1”时，右拳举至左肩前，高与肩平，拳心向内，眼看右拳；口令“2”时，旋臂、上架、甩头，眼向左看。

2. 完整动作练习，先慢做不用全力，体会动作路线和要领，然后逐步加速加力。

易犯错误及纠正方法：

1. 右拳经体右侧架拳。纠正方法：（1）经常练习教学提示“1”。（2）学生们分甲乙两方面对面站立，甲方向乙方的面前伸出一拳，给乙方以格架目标，让乙方体会格防路线和动作要领。

2. 耸肩、缩颈、屈肘过大。纠正方法：强调沉肩、直颈、肘放松微屈、拳在同侧肩上方。

3. 旋臂过早或过迟。纠正方法：做教学提示“1”，或给信号并讲清旋臂目的。

4. 甩头慢。纠正方法：教师站立在学生体侧，发出信号的同时伸出手指显示数目，并及时收回，要求学生听到信号后立即快甩头看清楚教师手指显示的数目。可组织比赛提高积极性。

三、砸拳

预备：同冲拳。

动作：以砸右拳为例。右拳举起臂外旋，使拳心翻向上，左拳变掌，左臂内旋使掌心向下，掌指向前按压在体左侧；右臂外旋使右拳背向下砸，左臂同时外旋使左掌心向上托，右拳背与左掌心在腰前击响。目视右拳。该动作往往与右震脚合为“震脚砸拳”。(图 25)

图 25

要点：右拳下砸和左掌上托迎击要协调一致，使其击响。

教学提示：原地练习，教师领做，先慢练，熟练动作路线后再快练至加力击响。

四、撩拳（撩掌）

预备：同冲拳。

动作：以右撩拳为例。右拳伸向体右侧，体右转时右拳内旋使拳背向下；左拳变掌伸向体正前，掌心向下；右拳直臂用拳背由下向体前摆撩即为撩拳；右拳背可与左掌心在体前击响。若右拳变掌右臂外旋，向前撩击，掌心向上为撩掌，可由左掌心拍击右小臂作响。（图 26）

图 26

教学提示：同砸拳。

五、推掌

预备：同冲拳。

动作：以右推掌为例。右拳变掌，从腰侧向前快速推出，右肘过腰时前臂内旋，坐腕，挑指成立掌，臂要伸直，掌根高与肩平。成立掌时，手腕后屈并使小指一侧向前（初学时也可掌心向

前）。力达掌根，同时左肘后引，挺胸立腰，收腹。眼向前平视。（图 27）

图 27

要点：推掌沿直线，肩肘放松，要有寸劲，力达掌根。拧腰、顺肩、旋臂、坐腕要协调一致。

教学提示：

1. 做后屈、旋腕和旋小臂动作。

2. 参照冲拳教学提示“1”“2”。

易犯错误及纠正方法：

立掌过早，推掌时手腕后屈不够。纠正方法：参照冲拳教法“1”做分解练习，将手推在墙或立柱上做压腕动作和发展腕关节灵活性练习。

六、亮掌

预备：同冲拳。

动作：以右亮掌为例。右拳变掌经体侧向右、向上划弧，掌过肩后内旋使掌背斜向上，再抖腕、亮掌静止于右肩上方。肘放松使臂略成弧形，掌心向上，指尖向左。目光随右掌移动，亮掌的同时向左甩头，目视左方。左右交替练习。如将掌改成拳，即成为套路中经常出现的“亮拳”，定势同架拳（但动作过程不属于架拳）。（图 28）

图 28

要点：抖腕、亮掌，甩头要配合一致，同时完成。运行时肘、腕放松，定势时挺胸、立腰、直颈。

教学提示：

1. 分解教学。口令“1”时，右掌沿体右侧上摆至头右上方，稍高于肩；口令“2”时，继续上摆、抖腕亮掌、甩头。

2. 参照架拳教学提示“2”。

易犯错误及纠正方法：

1. 抖腕不明显，形成抡臂动作。纠正方法：（1）多做腕部灵活性练习或单做抖腕练习。（2）做教法“2”。

2. 上体歪斜，手在头上弯曲太大。纠正方法：强调直腰、竖颈，掌在右肩上方，略成弧形。

手型手法提示

1. 手型手法教学首先要讲动作的技击含义，只有明确目的，才能掌握方法要领。如学生懂得了冲拳是攻击动作后，就容易领会和掌握拳握正、拳面平、手腕直、走直线和臂旋、有寸劲，力达拳面的要领。懂得了架拳是为了格防对方正面攻击后，就容易克服旋臂不及时的错误。

2. 要求拳要快，即“拳如流星”。这是对手法的运动要求，要做到这一点就要掌握正确的用力方法并加强速度练习。在运动时，要善于使原动肌和协同肌快速、有力地收缩，使对抗肌充分放松，掌握“松肩活肘”的要领；同时还要掌握“发于腰、传于肩、摧于肘，达于手”的用力顺序。左右交替冲拳动作要注意全身协调用力，做好拧腰顺肩、前冲后引，冲引结合。

3. 在练习冲拳、推掌、架拳时要有攻防意识，全神贯注，眼随手动，配合呼吸。

4. 手型手法练习应与步型练习相结合，如弓步冲拳、马步上架冲拳等。

步型步法

一、马步

动作：两脚左右平行站立，脚内侧相距约为本人脚长的 3 倍，或两个肩宽，或本人身高的一半宽。脚尖正对前方，屈膝屈髋成半蹲，膝不超过脚尖，膝关节成 90 度角（此时大腿应略高于水平)，膝关节略内合，全脚着地，身体重心落于两脚中间。

两拳抱贴腰侧。眼向前平视。(图 29)

图 29

要点：挺胸、立腰、脚跟外撑、脚平行、头正、重心居中。

教学提示：

1. 两脚按规格要求站好后，保持挺胸立腰姿势再慢慢屈髋、屈膝成马步，持续几秒钟后起立，可连续做。

2. 先原地站立练习马步，后练习出步成马步，再结合手法进行练习，如马步左右冲拳等。

易犯错误及纠正方法：

1. 脚尖外撇。纠正方法：经常站立做里扣脚尖练习，做马步练习时强调脚跟外撑。

2. 弯腰、跪膝、撅臀。纠正方法：(1) 手扶器械做，姿势可高些，以后逐步降低。(2) 跪膝原因是髋未下坐，撅臀原因是膝未下蹲，要强调屈髋、屈膝一起下蹲。(3) 做教学提示“1”。

二、弓步

动作：以左弓步为例。两脚前后开立，后脚尖与前脚跟距离为本人脚长的 3—4 倍，前腿屈膝半蹲，膝关节成 90 度，脚尖稍内扣，膝盖向前不超过脚尖，向后不超出脚跟，后腿挺膝伸直，脚尖尽量内扣，斜向前方，两脚全脚掌着地，前脚尖与后脚跟内侧的横向距离为10—15厘米。两拳抱贴腰侧。弓左腿为左弓步，弓右腿为右弓步。眼向前方平视。另一种便于教学的教法为：在马步的基础上，左脚以脚跟为轴，脚尖和膝同时向左外展；右脚以脚前掌为轴，右脚跟碾地外撑挺膝，右腿向左内旋合髋，上体同时左转90度，即成左弓步。(图30)

图30

要点：前弓后绷不拔根，挺胸立腰身要正。

教学提示：

1. 两脚站好后保持立腰、挺胸姿势，弓膝、沉髋，后脚跟后蹬。(图31)

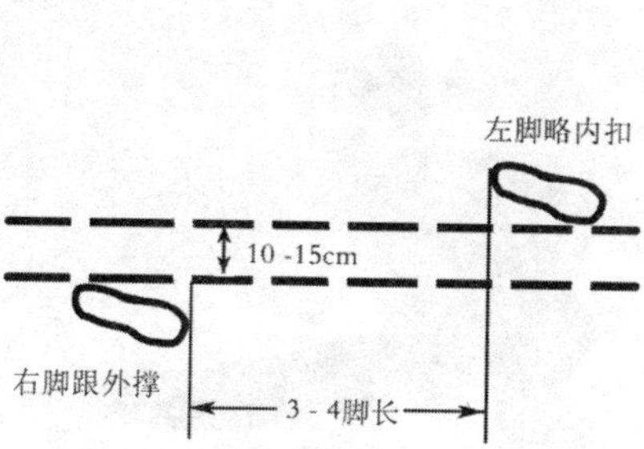

图31

2. 左右脚交替练习，持续时间可逐步延长，但一般最长不超过10秒钟。

3. 做弓步冲拳或推掌，先原地做，再上步做。上步时应先脚跟着地后再蹬后腿、送髋、沉髋、前腿弓膝屈膝，保持重心，成弓步冲拳或推掌。左右交替连续进行。

易犯错误及纠正方法：

1. 后腿屈膝、拔根。纠正方法：强调后腿挺膝，全脚掌着地，脚跟用力后蹬，合髋，多做膝、踝关节活动以提高灵活性和柔韧性。

2. 弯腰、上体前俯、髋部歪斜，身不正、站立不稳。纠正方法：做教学提示“1”。强调头上顶、眼前看、髋下沉，挺胸立腰合髋，后脚尖内扣，脚跟外撑。

三、仆步

动作：以左仆步为例。两脚左右开立，两脚内侧相距为本人脚长3.5—4倍；右腿屈膝全蹲，大小腿贴紧，臀部接近小腿，脚尖和膝关节外展30—45度；左腿挺直平仆，脚尖内扣。两脚全脚掌着地。两拳抱贴腰侧，上体稍左转并向左脚方向微倾，眼向左方平视。仆左腿为左仆步，仆右腿为右仆步。（图32）

图32

要点：挺胸、直腰，下蹲的腿大小腿贴紧，仆直的腿要挺膝伸直，两脚全脚掌着地。

教学提示：

1. 两脚左右开立，分别做左右仆步，姿势由高到低，也可手扶器械做。仆步成形后可两手扶两膝振动下压，以提高胯、膝、踝三关节的灵活性。

2. 结合手法进行练习，如仆步亮掌等。

易犯错误及纠正方法：

1. 平仆腿不直，脚外侧掀起，脚尖上翘外展。纠正方法：使平仆腿脚外侧抵墙根等固定物体，限制脚外展或掀起，用同侧手压平仆腿膝部，使其挺直。加强踝关节柔韧性锻炼。

2. 全蹲腿屈膝不够，脚跟掀起膝内扣。纠正方法：多做仆步上下振即仆步压腿练习，强调平仆腿一侧髋用力下压，并向平仆腿一侧稍拧腰探身，全蹲腿脚底落实。加强膝关节柔韧性练习。要求全蹲腿的膝关节向脚尖方向顶出。

3. 上体过于前倾。纠正方法：做教学提示“1”，强调保持挺胸、立腰和髋关节前送姿势慢慢下蹲成仆步。

四、虚步

动作：两脚前后站立，重心落于后腿，后脚尖外展30—45度，屈髋屈膝成半蹲；前腿稍屈膝内合，脚跟提起，脚面绷平，脚拇指虚点地面。两拳抱贴腰侧。眼向前腿一侧平视。左脚在前为左虚步，右脚在前为右虚步。(图33)

图 33

要点：前虚后实，虚实分明，挺胸立腰，臀部自然，不缩不翻。

教学提示：

1. 一腿支撑，另一脚前伸不着地。支撑腿慢慢下蹲，前脚尖虚点地面成虚步。

2. 手扶器械练习，姿势由高到低。

易犯错误及纠正方法：

1. 虚实不清。纠正方法：做教学提示“1”、“2”。

2. 后腿蹲不下去，跪膝、撅臀、上体过分前倾。纠正方法：加强下肢力量和踝关节柔韧性练习。下蹲时强调屈髋屈膝、挺胸立腰。

3. 虚步的后腿（实腿）要在半蹲情况下承受全身重量，初学者较难做到，故要提前加强腿部力量练习，如单腿全蹲起立、蛙跳等动作。

（附）高虚步：右腿直立，脚尖稍外展，左腿前伸，脚面绷平，脚尖虚点地面。挺胸、立腰、收腹，重心落于后脚。（图 34）

图 34

五、歇步

动作：以左歇步为例。两腿左右交叉，左腿在前，左脚跟与右脚尖在同一横线上，两脚相距约为本人小腿长，两大腿靠拢贴紧屈膝全蹲。左脚全脚掌着地，脚尖外展，右脚前脚掌着地，脚跟提起，下蹲，右膝在左小腿外侧向前顶出与右大腿叠紧。臀部坐于右小腿接近脚跟处。上体稍前倾并向左方向拧转。两拳抱贴腰侧。眼向左或向前方平视。左脚在前为左歇步，右脚在前为右歇步。(图 35)

图 35

要点：前脚外展、两腿贴紧、挺胸立腰。

教学提示：

1. 分解教学。口令“1”时，两腿交叉站立，口令“2”时下蹲成歇步。要求保持挺胸立腰姿势。

2. 完整动作练习。先慢后快，左右交替。

3. 结合手法练习。如歇步亮掌。(图 35)

易犯错误及纠正方法：两腿贴不紧，动作不稳健。纠正方法：强调右膝向左小腿外侧顶出，使右腿小腿外侧与右大腿外侧贴紧，前脚尖充分外展能保持稳定，并加强膝、踝关节柔韧性锻炼。

六、垫步

预备：两脚前后开立，重心落于后腿，上体侧对前方，两拳抱贴腰侧。眼向前平视。(图 36)

图 36

动作：以左脚在前为例。重心前移，右脚提起向左脚处落步，左脚同时离地并立即向前落步。两脚仍保持预备姿势时的距离，重心在右脚。眼向前平视。

要点：右脚向前落步和左脚离地向前落步要协调连贯（形似向前小跳）。要保持上体正直。

教学提示：

1. 分解教学：口令“1”时，右脚提起，重心移于左脚；口令“2”时，左脚跳起前摆落地，同时右脚落于左脚内侧处，左脚立即向前落步。

2. 完整动作练习。可结合挑掌等手法进行练习。

易犯错误及纠正方法：两脚同时跳起同时落地，可做教学提示“1”纠正。

步型步法提示

1. 步型是上肢和躯干活动的基础，在套路练习中起着连接各种动作的纽带作用。马步、弓步、虚步是发展下肢力量的有效方法。仆步常用来发展下肢关节的柔韧性和灵活性。

2. “步赛粘”“站如松”都是对步型稳固性的要求。要做到“稳”就必须按照步型规格做动作，并注意沉气。如弓步要求两脚内扣，并有一定的横向距离，这是为了扩大支撑面积，增加稳定性。前腿弓、后腿绷，合髋有利于通过骨骼关节的连结、杠杆作用，把身体连成个强固的整体。沉髋和沉气会使重心下降。重心低，支撑面积大，下肢支撑有力，身体就会更加稳固。

武术套路练习中上步成步型和步型之间的变换很重要，对其要求是“快、准、稳”，为此就要注意“蹬、转、移”，蹬地方向要正确，力量要合适，两脚转动要注意转动轴的选择和腰部的轴心、纽带作用，脚的移动要快而准。步型变换要尽量减少身体晃动和不必要的起伏，以做到“快、稳”。

3. “步不稳则拳乱，步不快则拳慢”强调了步型步法的重要，也向步法提出了一“稳”、二“快”的要求。要做到稳、快，首先要加强速度和下肢力量的锻炼，还要注意各种步型和步法的规格。

4. 步型、步法对力量和柔韧性要求较高，要采用压腿、踢腿、站桩和发展髋、膝和踝关节柔韧性的各种练习进行锻炼。

5. 青少年特别是女学生做静力性练习时间不宜太长，练习完了要做放松活动。

跳 跃

一、腾空飞脚

预备：并步直立，两臂自然下垂。

动作：以右飞脚为例，右脚上步，左腿（摆动腿）直腿向前、向上摆踢，右脚（起跳腿）蹬地跃起，身体腾空；两臂由下向前、向头上摆起，右手背向上击拍左手掌。（图 37）

图 37

跃离地面后，右腿迅速向前上方摆踢，脚面绷直，右手心迎击右脚面，同时左腿屈膝，收控于右腿侧，脚面绷直，脚尖朝下。左掌在击响的同时摆落在左侧上方，左掌可变勾手，勾尖向下，勾尖略高于肩。上体微前倾。眼向前平视。(图 38)

图 38

要点：

1. 起跳时左腿摆动要高，右腿蹬地要有力、快速、充分，同时摆臂、提腰、头上顶、提气。

2. 右腿上摆速度要快于左腿，脚高过腰。

3. 腾空时，上体微前倾，但应保持挺胸立腰的基本姿势。在腾空的最高点击响。

4. 做拍击动作时，手要自然放松，动作快速、准确，声音响亮、清脆，以得到“霹雳响连天”的效果。

教学提示：

1. 原地或行进间的起跳练习。左腿直或屈腿摆起后屈膝落下，右腿蹬地起跳，同时两臂上摆并至头前上方，右手背拍击左掌心击响。

2. 原地或行进间的左腿上摆后右腿起跳并在空中弹踢的练习。

3. 原地或行进间击拍脚练习。右手背和左掌心在额前击响，右脚上摆时，右手心立即击拍右脚面作响。

4. 上一步的完整动作练习。

易犯错误及纠正方法：

1. 起跳向前不向上。纠正方法：做教学提示“1”，要求起跳步迈步大，脚跟先着地，超越重心，髋挺直，左腿向上摆。

2. 蹬摆脱节、动作不协调。纠正方法：按要领反复做教学提示“1”。

3. 右腿僵直摆踢。纠正方法：按要领反复做教学提示“2”。

4. 腾空时上体过于前倾，坐臀。纠正方法：强调上体正直，起跳腿最后一步加大，摆动腿向上摆，不要向前摆动，上体只可适当前倾。

二、跃步（接仆步）

预备：两脚前后开立，左脚在前，与肩同宽，两臂置于体左侧，掌心向内，自然下垂。

动作：右腿屈膝向上向前摆，左腿蹬地跳起后屈膝使小腿置于身后，两臂同时向前上方摆起，拔腰提气；右脚先落地屈膝下蹲，紧跟着左腿向前摆落平铺于右脚前成左仆步，右拳收抱于腰间，左掌下落至右肩前，眼看左脚方向。（图 39）

图 39

要点：蹬摆要结合好，右腿摆过起跳腿时，左腿迅速蹬地起跳。右腿摆动幅度要大，跃出要远，落地要轻。该动作落地后一般可接做步型，如仆步。

教学提示：

1. 原地起跳练习。右腿屈膝向上摆起，左腿向上起跳，右脚先落地。

2. 同上练习。但右脚向前上摆起，左腿向前上跳起，后屈膝放松，右脚先落地，左脚接着落地缓冲或身体右转下蹲成左仆步。

3. 向前跃步接仆步完整练习。

易犯错误及纠正方法：

1. 摆动腿摆动幅度小，形成垫步。纠正方法：强调摆动腿充分前摆，或要求跳过一个弓步远度。也可先做向前跨步跳，再做跨步后腾空向右转体，落地成仆步。

2. 两脚同时起跳。纠正方法：做教学提示“1”、“2”。

3. 起跳腿直腿前摆，动作僵硬。纠正方法：要求起跳后起跳腿屈膝放松前摆。

4. 跳高不跳远。纠正方法：强调向远处跳，要求跳过一个弓步的距离。

三、旋风脚（推荐动作）

预备：左右开立步，两手自然侧分，掌指在上。

动作：右脚向左脚前上步，脚尖内扣，准备蹬地跳起；左臂向下摆动并屈肘收至右胸前，同时右臂向上，向前抡摆，重心右移，上体向左旋转略前俯；右腿蹬地跳起，左腿踢起向左上方摆动，上体向左上方旋转，同时双臂向下，向左后上方抡摆；身体向左旋转过程中，右腿做里合腿，左手在面前迎击右脚掌，左腿自然下垂，接着右脚落地完成转体一周。(图 40)

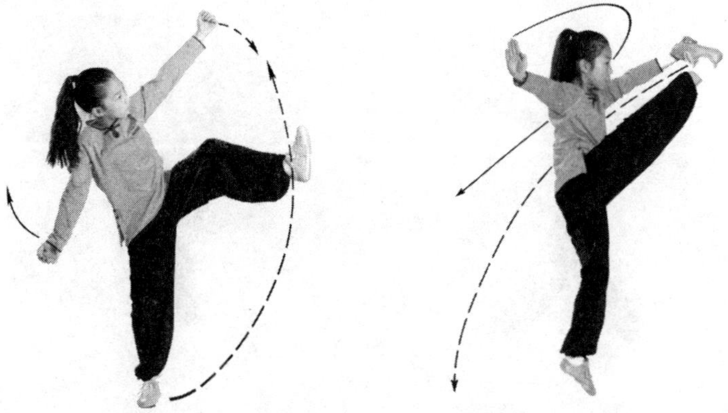

图 40

要点：身体下蹲，左摆腿，右腿向左里合，左手迎击右脚底这一串动作，要快速和协调一致，左摆腿要快速，右腿起跳里合要强力而快速，里合成扇形，击拍响亮。整个动作向左转身 360 度。左腿先落地为初级水平，双脚同时落地为中级水平，右脚先落地为高级水平。

四、腾空外摆莲（推荐动作）

预备：并步站立。

动作：右脚向前半步并外展，脚跟先着地过渡到全脚掌着地，上体略后仰；左手掌向上摆动至头部，手心向下，右手自然向后，右脚蹬地跳起，同时左腿向右上方里合摆踢，右手背在头右上侧与左手掌心击响；上体向右旋转，身体腾空，左腿向上向右侧里合摆动；右腿随即从身前向上向右外摆腿，身体随即向右旋转半圈；双手同时向右脚面外侧先左掌后右掌依次击响，同时身体继续向右旋转至一周后，左右脚依次落地，双手也下落还原。（图 41）

图 41

要点：左腿向右里合，双手击响于右耳侧，右腿跳起向右外摆，这一串动作要快速协调一致，右摆腿要快速有力，共三次击拍要响亮，击响时，左脚可伸直分开摆动，整个动作向右转身 360 度。左腿先落地为初级水平，双脚同时落地为中级水平，右脚先落地为高级水平。该动作一般可向前向右弧形助跑两步再起跳。

跳跃练习提示

1. “起如猿”，就是要求起跳动作要像猿猴纵身跃起那样矫健、敏捷。“落如鹊”，就是要求像喜鹊落枝那样轻、稳。在腾空最高点完成造型。造型要舒展、优美、稳定。武术套路中跳跃动作多同其他动作连接，原地起跳比较多，因此要学会善于在不同的姿势下起跳，起跳时要善于利用前一动作的惯性和运用摆臂、提腰力量。落地动作强调稳，并注意形成一定姿势，以利于做下一动作。

2. 跳跃时要注意配合呼吸。起跳时“提气”，可使身体重心提高，有利于凌空跳起；落地时呼气，可使稳度增加。

平　衡

一、提膝平衡（提膝亮掌）

预备：并步直立。

动作：以左提膝平衡为例。右腿直立支撑，左腿屈膝提起，脚面绷平，并斜扣于支撑腿前。左手抱膝，右手抱脚面。眼向前平视。左右交替练习。两手可放开，右手摆至右肩上方抖腕亮掌，左手向后反臂勾手，保持提膝，眼向左看，成“提膝亮掌”。(图 42)

图 42

要点：支撑腿伸直，脚趾抓地，挺胸立腰，头向上顶，屈膝腿提膝过腰内扣，大腿贴近身体，脚腕扣裆。

教学提示：

1. 双手抱膝直立，使膝过腰贴近胸部，然后松手保持膝不下落。

2. 做提膝亮掌动作，两臂尽量伸展，上体向屈膝方向扭转。眼看提膝腿方向。

易犯错误及纠正方法：

站立不稳。纠正方法：（1）可背靠墙或柱做抱腿，或由同伴在身后扶持，以维持稳定。（2）降低提膝高度做练习，强调头向上领直以保持重心稳定。（3）身体摇摆时可稍屈支撑腿，并注意运用两臂动作调节平衡。

二、望月平衡

预备：并步直立，两手叉腰。

动作：以左望月平衡为例。左腿直立，右腿在左腿后方屈膝举起，脚面绷平，脚底朝上，上体转向左方，同时右手在右肩上方抖腕亮掌，左手摆至左侧平举部位抖腕成侧立掌。眼随视右掌，在抖腕亮掌的同时向左甩头。眼向左平视。左右交替练习。(图43)

图43

要点：挺胸、塌腰、沉肩，左脚稍外展保持稳定。

教学方法：口令“1”时，右脚向左后伸，脚尖点地，右臂摆至上举部位，左臂摆至侧平举部位；口令“2”时，举右腿，屈膝且抖腕亮掌，向左甩头成望月平衡。

易犯错误及纠正方法：同提膝平衡。

三、燕式平衡

预备：并步站立，半蹲砸拳，掌心拳心向上。

动作：以左腿燕式平衡为例。重心移至右脚，全脚掌着地，左腿向后上举起伸直，脚底向上。左腿支撑伸直，两手同时向两侧分开，掌心向外，掌指向前，抬头挺胸塌腰，眼向前或前下平视。（图 44）

图 44

要点：支撑腿和平衡腿均要伸直，保持挺胸，塌腰，抬头，眼睛注视前方，后举腿均要超过头部与支撑腿夹角大于 90 度，能达 135 度甚至 180 度更佳。

平衡练习提示

平衡动作要求“动迅静定”，“动”指配合呼吸和腿，腰、臂、头一齐动，“静”指身体各部位同时稳定。武术中对单腿站立要求“立如鸡”，就是很形象的比喻，即由动到静时如鸡在奔走时突然停步并收起一只腿倾听动静那样，显示出动作的机警而安定，而且造型优美。

少年武术操（一）

（注：本套武术操专为少年拳第一套而编排，学会以后，再学习少年拳就方便得多）

预备：并步抱拳。

两脚并拢，挺胸立腰，两拳贴腰，拳心向上，目视前方。（图 1）

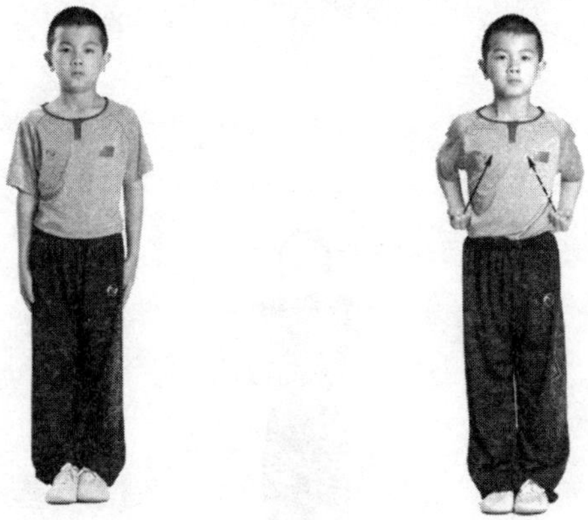

图 1

一、手型运动（8 拍 x2）

1. 双拳前冲，在肘过腰时，小臂内旋使拳心向下，与肩同高

同宽，目视前方。(图 2)

图 2

2. 双拳变掌，外旋使掌背向下，分别直臂下落后再向体两侧分掌向上在肩上方内旋抖腕翻掌，停于头顶上方，掌心尽量向上。(图 3)

图 3

3. 两掌分别向体侧直臂下落，接近水平时手指捏拢并屈腕成吊勾，勾尖向下，勾顶略高于肩。(图 4)

图 4

4. 勾变拳，收抱于腰，还原成并步抱拳。(图 5)

图 5

(5–8 拍同 1–4 拍)

二、架打蹬踢（8 拍 x4）

1. 左脚向左出步弓膝，右腿蹬直，体左转 90 度成左弓步，

左拳内旋上架于头前上方，拳心向上；右拳向前冲出平拳（即拳心向下，下同），目视冲拳方向。(图 6−1、6−2)

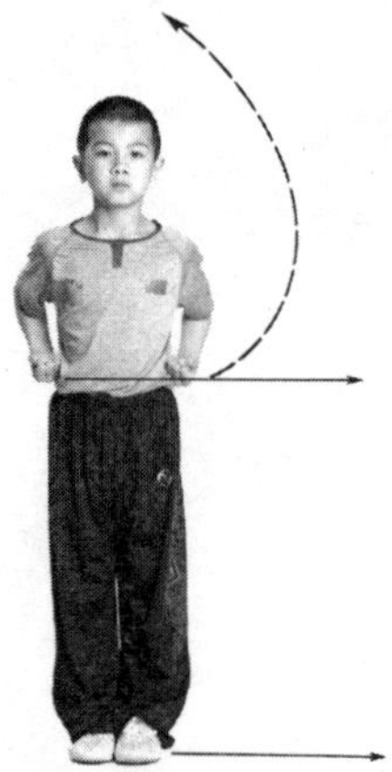

图 6−1

图 6−2

2. 重心后移，右腿屈膝或“半马步”，左拳外旋屈肘用拳背及小臂下压横于腰前，拳心向上；右拳外旋收抱于腰侧，拳心向上，目视左小臂前方。(图 7)

图 7

3. 蹬直右腿，重心前移成左弓步，同时左拳上架右拳前冲成平拳。目视冲拳方向（图 6-2）。

4. 头部上顶，向上提腰收左脚向右转体还原成并步抱拳，目视正前方。(图 8)

图 8

（5-8 拍向右出步，动作相反，也可只做向左方向出步的动作，便于少年拳教学）

建议：本节操经一段时间熟练后，则把第二动重心后移成“半马步”改做为“重心前移，右腿屈膝提起勾脚尖向前下方蹬踢，高与膝平。”（图9）

（图9）

第三拍右脚回落步，左拳上架，右拳前冲，还原成第三拍原有动作，其余动作不变。以便于少年拳第一套的教学。（图10）

图10

三、弹踢运动

1. 向左前方弹出右脚，高与膝齐（右脚高一些更好），脚面

绷平，力达脚面。(图 11)

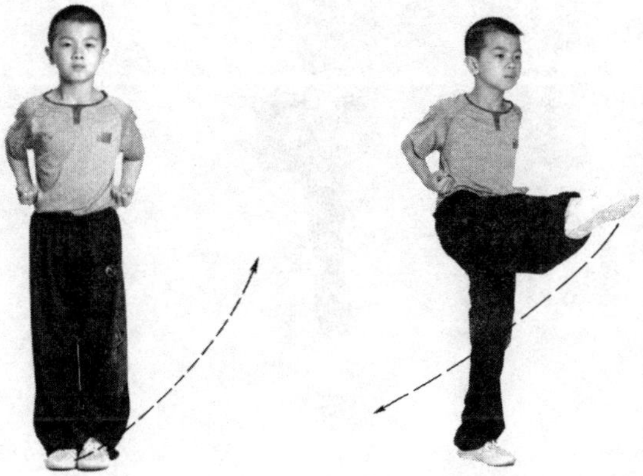

图 11

2. 右脚收回在左脚后侧脚尖点地。(图 12)

图 12

3. 再次向左前方弹出右脚，高与膝齐，脚面绷平。力达脚面。(图 13)

图 13

4. 还原成并步抱拳。（图 14）

图 14

（5–8 拍，向右前弹出左脚，方向相反）

第二个 8 拍，将弹踢改成蹬踢，脚尖勾起，力达脚跟。

四、撩掌架打（8 拍 x4）

1. 左脚向左出步下蹲成马步，两拳从腰间分别向左右两侧插

掌，掌心向下，目视左方。(图 15)

图 15

2. 上体左转成左弓步，同时右掌由右向下向左方直臂撩击，掌心向上；左掌回收屈肘用掌心击拍右小臂出响，目视左掌方向。(图 16)

图 16

3. 身体向上直腰领起，左脚蹬直移向右脚，身体右转，同时右掌变拳自面前向上内旋上架于右肩上方拳心向上；左掌变拳收

腰后随即向左冲出平拳；左脚并向右脚成并步，目视左拳方向。（图 17–1）

图 17–1

图 17–2

4. 双拳收腰成并步抱拳，目视前方。（图 18）

图 18

（5–8 拍，向右出步，方向动作相反，也可只做向左出步一侧的动作）

建议：动作熟练后，则把第3动“左脚并向右脚成并步”改做为“左脚收回在右脚前方直腿以脚尖点地成高虚步”。(图17-2)

五、推掌撩拳（8拍x4）

1. 左脚向左一步，右腿下蹲弓膝成右弓步，右拳变掌向右推出成立掌，掌指向上掌心向右。目视右掌方向。(图19)

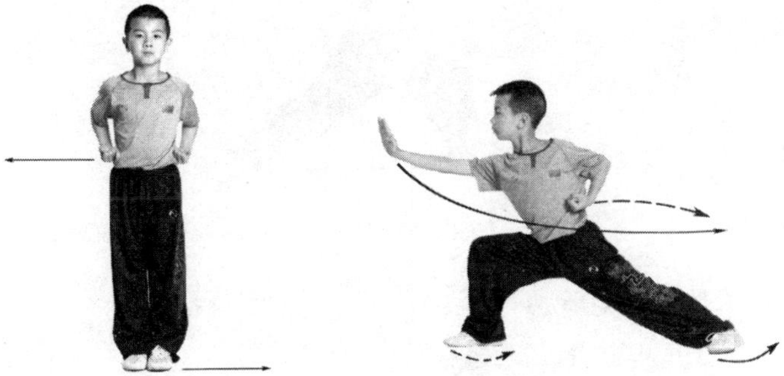

图19

2. 向左转体90度，成左弓步，同时右掌变拳内旋，随向左转体时，向下向左前撩至左膝前上方，拳背向上；同时左拳变掌自腰间伸出，以掌心击拍抓握右拳背作响，目视右拳方向。(图20)

图20

3. 左脚蹬起直立，两手变掌上举于头上方交叉掌心向前，向右转体 90 度，随即两掌分别向两侧分掌画弧下落至体两侧，掌心向下，目视右掌。(图 21)

图 21

4. 右脚站起，左脚向右脚靠拢并步，两掌外旋握拳收抱于腰侧拳心向上成并步抱拳，目视前方。(图 22)

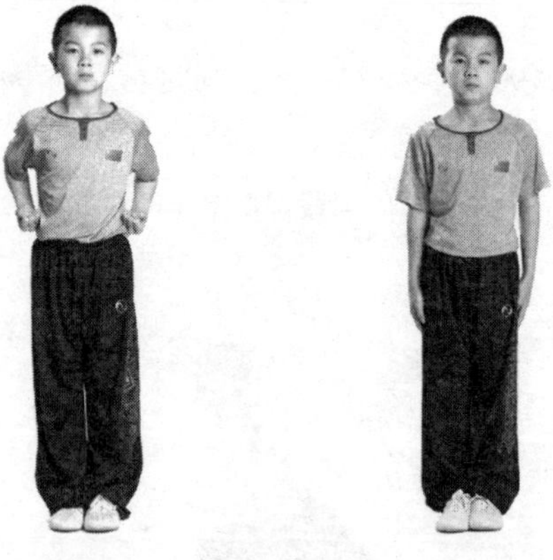

图 22

(5–8 拍，做相同动作，便于少年拳教学)

少年武术操（二）

（注：本套武术操专为少年拳第二套而编排，学会后，再学习少年拳就方便得多。）

预备：并步抱拳。（图 1）

两脚并拢，挺胸立腰，两拳贴腰，拳心向上，目视前方。

图 1

一、手型运动（8 拍 x2）［与少年武术操（一）“手型运动”相同］

1. 双拳前冲，拳心向下，与肩同宽同高，目视前方。(图 2)

图 2

2. 双拳变掌外旋使掌背向下，分别直臂下落后再向体两侧分掌向上，在肩上方内旋抖腕翻掌停于头顶上方，掌心尽量向上。(图 3)

图 3

3. 两掌分别向体侧下臂下落，接近水平时，手指撮拢并屈腕成吊勾，勾尖向下，勾顶略高于肩。(图 4)

图 4

4. 勾变拳收抱于腰，还原成并步抱拳。(图 5)

图 5

（5-8 拍，同 1-4 拍）

建议：(1）动作熟练后，可把第一动改做为“左脚向左跨一步下蹲成马步”。其余动作相同。第 4 拍，收左腿成并步抱拳；第 5 拍向右出步成马步，其余动作相同。(2）也可左腿向左跨步体左转成左弓步，随即向弓步方向双冲拳，其余动作相同，唯第 4 拍收腿成并步抱拳，第 5 拍向右出步成右弓步，其余动作相同。

二、望月平衡（8 拍×4）

1. 两掌胸前交叉，掌心向内，随即两掌向下左右分掌，拇指一侧向上；同时左脚向左横跨一步与肩同宽。(图 6-1、6-2)

图 6-1

图 6-2

2. 两手继续向上，右掌在右肩上方，左掌与左肩平，两掌同时向上抖腕亮掌，向左头甩，同时右脚经左脚后向左后方脚尖点地，眼看左手方向。(图 7)

图 7

3. 右腿屈膝，小腿后举，脚面绷平，脚底向上，其他姿势保持不动成“望月平衡”。(图 8)

图 8

4. 静止一拍。5–8 拍右脚回落与肩同宽，其余动作向右，唯动作相反。

建议：动作熟练后，做第 2 拍时，脚尖不必点地而直接做“望月平衡”后静止两拍。

三、抡臂冲拳

1. 左脚向左出步比肩略宽，两拳变掌两臂同时向下，向右、向上，向左转体后两臂向下、向左下画圆，两掌停于左腰后下侧掌心向内，眼看两掌。(图 9)

图 9

2. 两掌同时向前、向上，向右转体后，左掌在左方，右掌在右方平举，拇指一侧向上，眼看右手。(图 10)

图 10

3. 左掌收在右肩前，掌心向右，掌指向上，右掌收抱右腰侧，拳心向上，同时向左甩头，两腿半蹲成半马步，左脚尖向左前方，眼看左方。(图 11)

图 11

4. 左掌手心向下、向前平搂并随即收抱于左腰侧，拳心向上，同时右拳从腰间向前冲出平拳，拳心向下，同时向左转体，伸直右腿成左弓步。眼看冲拳方向。(图 12)

图 12

5. 5–8 拍，仍做 1–4 拍动作。

建议：动作熟练后，可把第 3 拍改做为“右腿下蹲左腿伸直成左仆步”。加大动作难度，接近少年拳动作。(图 13)

图 13

四、搂手勾踢

1. 左脚向左跨一步，屈膝前弓，身体左转 90°成左弓步；两拳变掌同时向左弓步方向立掌推出交叉右掌在上；掌心向前掌指向上，眼看推掌方向。(图 14)

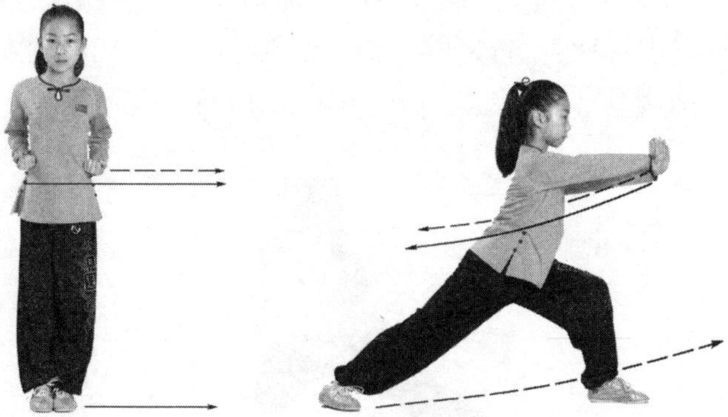

图 14

2. 双掌向下向体两侧后方勾手，勾尖向上；同时右脚尖上勾，脚跟擦地向左斜上方踢出，眼看左脚方向。(图 15)

图 15

3. 右脚回落还原成左弓步，右勾手变拳，向下向前向上撩出，左勾手变掌向前伸出，用掌心拍击右手腕，眼看两手。（图 16）

图 16

4. 上体领起，左脚收并于右脚，两手收抱于腰侧，拳心向上成并步抱拳，眼看前方。（图 17）

图 17

（5-8 拍，右脚向右跨一步，做相反动作；也可只做左边动作）

五、砸踹撩收

1. 右腿屈膝提起，右手内旋举至右肩上方拳心向上，左手内旋掌心向下，掌指向前，置于左髋旁；（图 18-1）左掌外旋手心向上在腹前，右拳背外旋向下砸击左掌心作响；右脚同时下踩震脚作响，半蹲，眼看两手。（图 18-2）

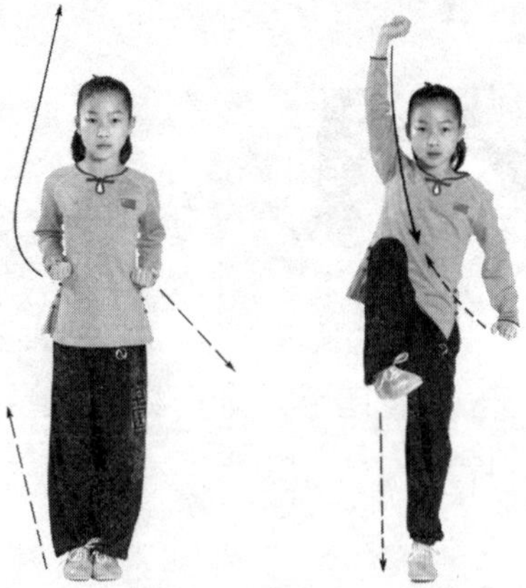

图 18-1

图 18-2

2. 直立、右脚支撑，左腿提起向左下方踹出与膝同高，左手收抱于腰拳心向上，右拳内旋上举于右肩上方，拳心向上，眼看左脚方向。(图 19)

图 19

3. 左脚向左落地屈膝成左弓步，右拳同时内旋拳背向下经体右侧向下向左向上撩击，身体左转 90 度，左拳变掌同时向前伸出掌心向下，在左膝前上方与右拳背拍击作响，眼看两手方向。(图 20)

图 20

4. 上体领起，重心移至右腿屈膝成右弓步，两手同时上举身体右转 90 度，两手变掌向上向左右分开、再向下绕环至两腰侧，手心向下，眼看右手（图 21）。左脚靠向右脚并步，两掌变拳同时收抱于腰侧，拳心向上，向左甩头，眼看前方。(图 22)

图 21

图 22

（5–8 拍向右做相反动作，也可只做左边动作）

少年拳第一套

动作名称

预备势

1. 震脚架打
2. 蹬踢架打
3. 垫步弹踢
4. 马步横打
5. 弓步撩掌
6. 高虚步架打
7. 跳步推掌
8. 撩拳收抱

还原势

动作说明

预备势：直立抱拳。

两脚并拢，两手握拳屈肘抱于腰侧，拳心向上，两肩后展，下颚微收，头向左转，眼看左方。(图 1)

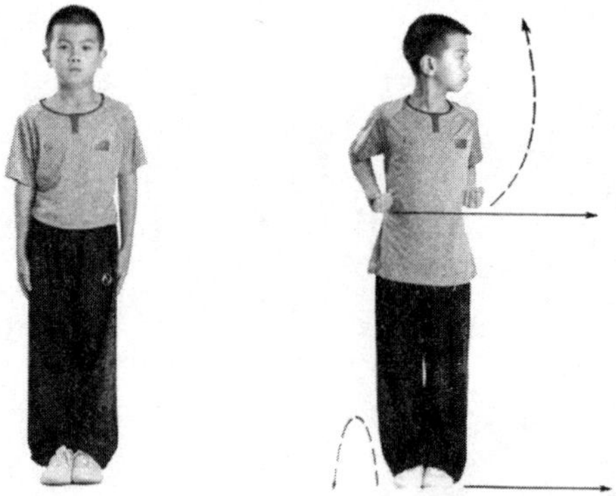

图 1

1. 震脚架打

右脚提起原地向下震脚屈膝，左脚即向左跨一步向左转体 90 度成左弓步；同时左臂内旋屈肘向上横架于头前上方，拳心向上，右拳内旋向前冲出，拳心向下。眼看前方。(图 2)

图 2

要点：震脚时右腿要屈膝半蹲下沉，左脚向前落步后经过半马步，再蹬直后腿成左弓步，同时向前冲拳。

2. **蹬踢架打**

（1）重心前移至左腿，右腿屈膝提起，脚尖上勾向前下方蹬踹，高与膝齐。同时左臂外旋下压于腰前，拳心向上；右拳收抱于腰侧。眼向前看。(图3①)

（2）上动不停，右脚后落还原成左弓步和左拳上架、右拳前冲的架打姿势。(图3②)

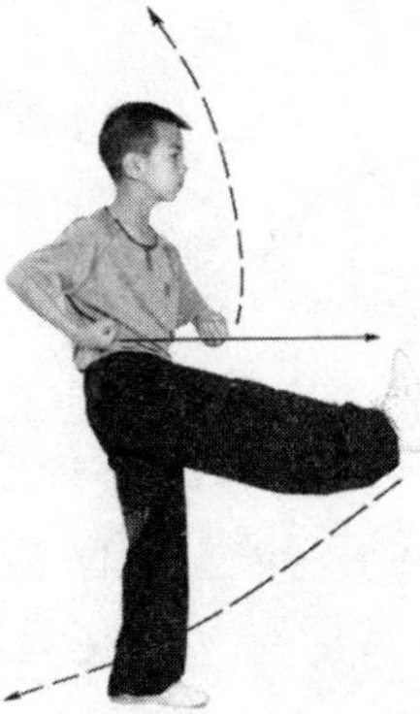

图3①

图3②

要点：蹬踢、左臂下压要有力，架打动作要连贯、快速。

3. **垫步弹踢**

左腿直立，两拳抱于腰侧，右脚向前至左脚旁踏地，随即左腿前跨一小步，右腿向前弹踢，脚面绷平与膝同高。眼看前方。(图4)

图 4

要点：垫步与弹踢要紧凑，弹踢时上体要稳定。

4. 马步横打

右脚向前落步随即向左转体 90 度下蹲成马步；同时右拳伸直由身体右后侧向前水平挥摆横打，拳心向下。眼看右拳前方。（图 5）

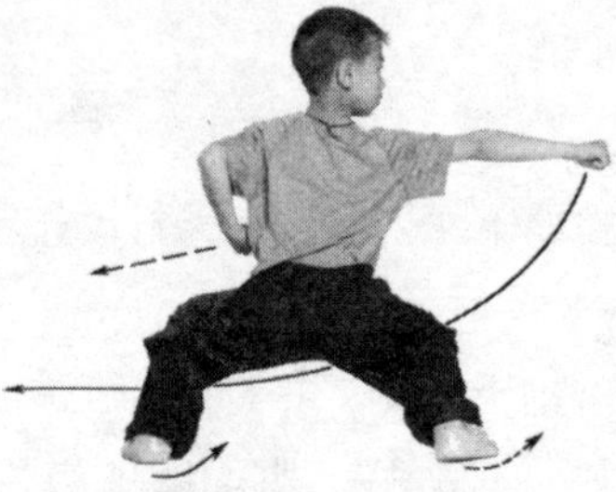

图 5

要点：右脚落地前右拳即开始向身体右后侧伸直；落步转体成马步与横打动作要协调一致；右拳平伸，两肩要平。

5. 弓步撩掌

向左转体 90 度成左弓步；同时右拳变掌直臂向下向前撩至左膝

前上方，掌心向上；左拳变掌迎击右小臂作响。眼看右掌。(图6)

图 6

要点：转体成左弓步时两脚相应向左碾转，右脚跟展蹬；撩掌时上体稍前倾。

6. 高虚步架打

左脚蹬地起立，向右转体 90 度，左脚右移置于右脚前以脚尖点地成高虚步；同时右掌变拳，臂内旋由左向上，架于右肩上方，拳心向上，左掌变拳收抱于左腰侧随即向左冲出，拳心向下。眼看左拳方向。(图 7)

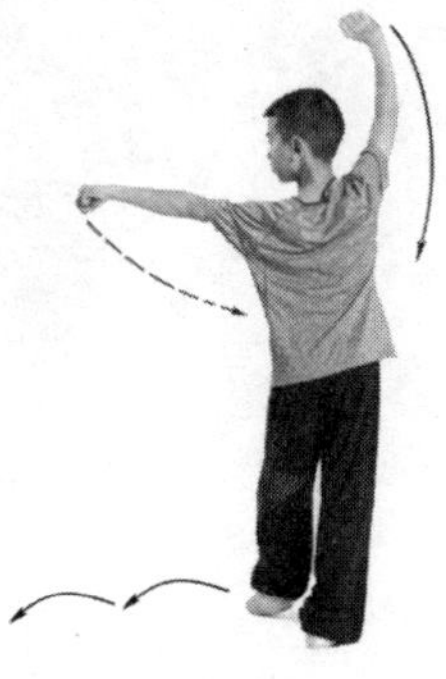

图 7

要点：右拳上架后左脚右移并收抱左拳，和高虚步站定同时冲出左拳。

注：20 世纪 70 年代笔者参与了多项少年儿童的拳术创编，1978 年在《新体育》杂志第 8 期刊出了少年拳第一套。该动作原稿是："右掌变拳，向右向上摆起……" 当发现应改成"右掌变拳，臂内旋由左向上，驾于右肩上方……"更符合技击含义，因已出版未能改正，故借此次机会改写过来，并将此少年拳一、二两套的"动作说明"一起略作修正，特此说明。

7. 跳步推掌

（1）左脚稍提起，在向左转体的同时向前落步，两臂屈肘抱拳；右腿随即屈膝提起，小腿后屈，左脚向前跳一步。眼看前方。(图 8①)

（2）右脚向前落步成右顺弓步，向左转体 90 度，同时右拳变掌向右推出成立掌，掌心向前，掌指向上，右肩前顺，左肩后引，眼看右手方向。(图 8②)

图 8①

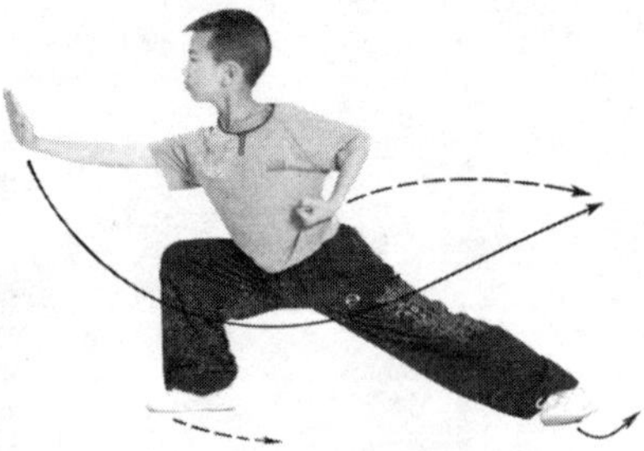

图 8②

要点：左脚向前落步后要立即向前跳，右脚落地后右掌立即推出，因右弓步推右掌，故为顺弓步，右肩要前顺，左肩要后引。

8. **撩拳收抱**

（1）向左转体 90 度成左弓步，同时右掌变拳内旋，随向左转体拳背向下、向左前撩至左膝前上方；左拳变掌拍击抓握右拳背作响。眼看右拳。(图 9①)

（2）向右转体 90 度，重心右移成右弓步，左掌在左下方分掌，掌心向下，右手变掌经头前上方置于右下方，掌心向下，眼看右掌。(图 9②)

（3）上动不停，左脚收回与右脚并拢，两掌下落屈肘变拳收抱于腰侧。向左甩头，眼看左方。(图 9③)

图 9①

图 9②

图 9③

要点：撩拳要有力，拍击要响亮，收抱动作要连贯。

还原势：直立。

两拳变掌，直臂下垂，头向右转还原，眼看前方。(图 10)

图 10

少年拳第二套

动作名称

预备势

1. 抡背砸拳
2. 望月平衡
3. 跃步冲拳
4. 弹踢冲拳
5. 马步横打
6. 并步搂手
7. 弓步推掌
8. 搂手勾踢
9. 缠腕冲拳
10. 转身劈掌
11. 砸拳侧踹
12. 撩拳收抱

还原势

动作说明

预备势：直立抱拳。

两腿并拢直立，两手握拳屈肘抱于腰侧，拳心向上，两肩后展，下颚微收，头向左转，眼看左方。(图 1)

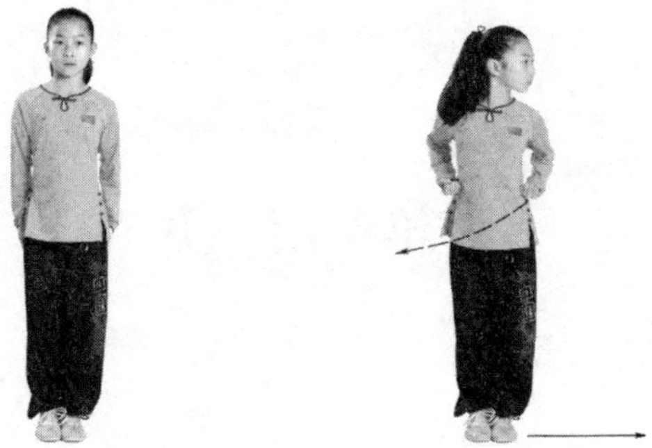

图 1

1. 抡臂砸拳

（1）左脚向左跨一步以前脚掌着地，左拳变掌向右前下方伸出，掌心向下。(图 2①)

（2）上动不停，向左转体 90 度，同时左手向上、向左、向下绕环屈臂内旋，使掌心向下置于左髋旁；右手向右、向上抡起，拳心向上，同时右腿屈膝提起，(图 2②) 随即向下震脚成并步半蹲，上体稍前倾。右拳背向下砸击，左掌内旋使掌心向上于腹前，迎击左拳背作响。眼看砸拳方向。(图 2③)

图 2①　　图 2②　　图 2③

要点：转体、绕环、抡臂的动作要协调一致，砸拳与震脚要同时。

2. 望月平衡

右脚后撤一步站起，身体右转 90 度同时右拳变掌，两手左右分开上摆，左手在左肩上方抖腕亮掌，掌心向上；右手至右侧平举抖腕成立掌，掌心向右；左腿屈膝，小腿向右后上挑起于右腿后方，脚底心向上。眼随左掌转动，在抖腕亮掌的同时向右甩头亮相。眼看右手。(图 3)

图 3

要点：抖腕、转头、后挑腿的动作要同时完成。

3. 跃步冲拳

(1) 上体左转前倾，左腿向前上提膝；左手向左下后摆至体后；右手以掌背向左下方后挂至左膝外侧，掌心均向里。眼看左下方。(图 4①)

(2) 左脚向前落步，右腿屈膝向前上提，左脚随即用力蹬地

向前跃出，两臂向前向上绕环摆动。眼看右掌。(图4②)

(3) 右脚首先落地全蹲，左脚随即跟着向前下伸出全脚掌落地成左仆步；同时右掌变拳收抱于右腰侧，左掌屈臂成立掌下落停于右胸前，向左甩头，眼看左脚。(图4③)

(4) 左掌心向下经左脚面向外搂手，同时重心前移，右腿蹬起左膝向前顶起成左弓步；左掌变拳收抱于腰侧，右拳向前冲出，拳心向下。眼看右拳。(图4④)

图4①

图4②

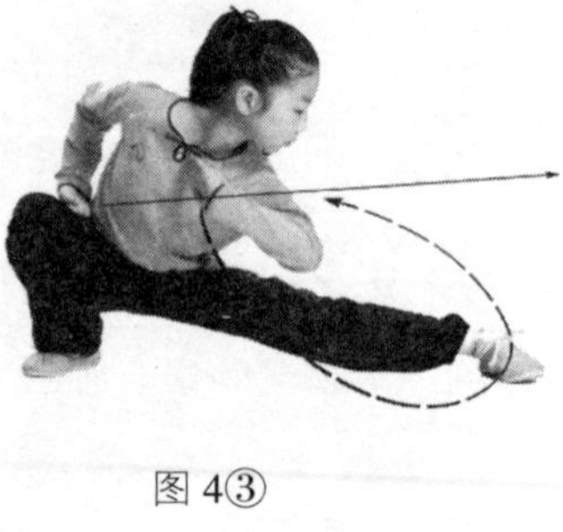

图4③

图4④

要点：跃步要远，落地要轻。跃步时要与两手的动作自然相随，由仆步变成弓步时，两脚相应碾转。

4. 弹踢冲拳

重心前移至左腿，右腿屈膝提起，脚面绷平用力向前弹踢高与膝齐；右拳收抱于腰侧，左拳向前冲出，拳心向下。眼看前方。(图 5)

图 5

要点：弹踢时支撑腿尽量伸直，弹踢高度尽量高至水平，收腹收跨，力达脚面。

5. 马步横打

右脚向前落步，脚尖内扣，左拳收抱于腰侧，右拳臂内旋向右后伸直，向左转体并向前挥拳横打，拳心向下，两腿屈膝下蹲成马步，眼看右拳方向。(图 6)

图 6

要点：横打与转体的动作要协调一致，并要借转体拧腰的力量发力。

6. 并步搂手

右脚向左脚并拢下蹲，右拳变掌直接向右小腿外侧下搂，至右小腿旁变勾手继续后摆至体右侧后方，勾尖向上。眼看右方。(图 7)

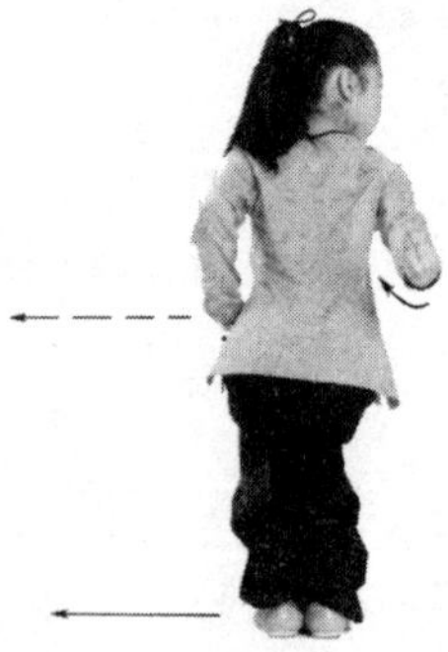

图 7

要点：并步与搂手要同时，上体保持挺胸立腰。

7. 弓步推掌

左脚向左上一步成左弓步；同时右勾变拳收抱于腰侧，左拳变掌向左推出，掌心向前，掌指向上，眼看左手方向。(图 8)

图 8

要点：上步与推掌的动作要协调一致，此是顺弓步，左肩要向左掌方向顺肩，右肩后引。

8. 搂手勾踢

(1) 右拳变掌经后下直臂向上、向前绕环与左腕上交叉，同时重心移至左腿。(图 9①)

(2) 上动不停，两臂伸直迅速向下分别向后经体侧搂手至体后两侧反臂成勾手，勾尖向上；同时右脚尖上勾，脚跟轻擦地面，向左斜前方踢出。身体随之稍向左转。眼看左前方。(图 9②)

图 9①

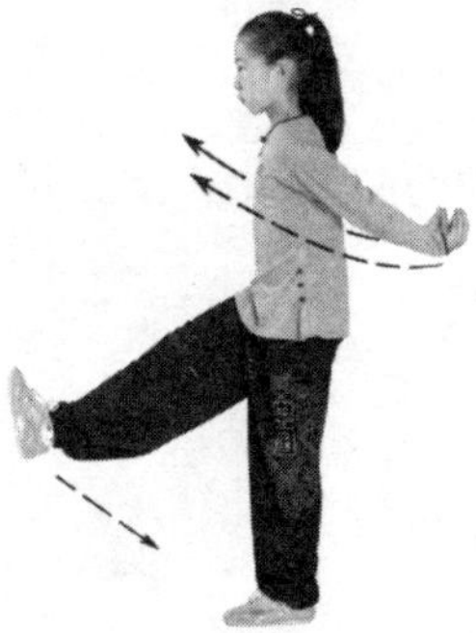

图 9②

要点：两腕交叉和分掌搂手的动作要连贯，收腹正髋，勾踢时力点达于脚踝。

9. 缠腕冲拳

（1）两勾手变掌前摆于腹前左手掌心拍抓紧压右手腕，右腿屈膝，小腿自然下垂。(图 10①)

（2）上动不停，右手上翘内旋向外翻掌后下压缠腕，向右转体并同时右臂外旋握拳，拳心向上，用力屈肘后拉于右腰侧抱拳；左手始终紧压右手腕并随之置于右腰间，右脚全掌跺地震脚下蹲，左腿屈膝提起。(图 10②)

（3）左脚向左贴地侧跨一大步，右脚蹬地随之滑动，两腿下蹲成马步，同时左手变拳经左腰侧向左冲出，拳眼向上。眼看左拳。(图 10③)

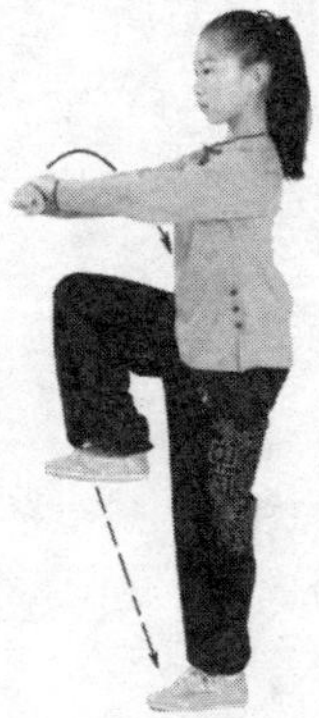

图 10①

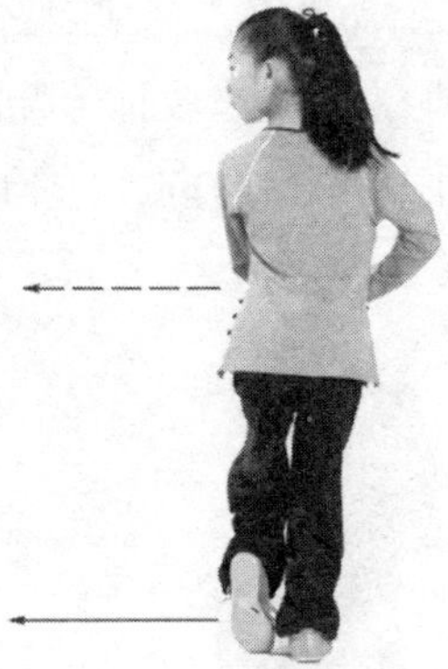

图 10②

图 10②（反面）

图 10③

要点：屈肘后拉与转体、跨步与冲拳要协调一致，抓握、缠腕、屈肘后拉、转体、震脚要连贯。

10. 转身劈掌

（1）右脚蹬地屈膝上提向右转体 90 度，随身体直立两拳变掌直接上举，在头前上方以右手背向上击左掌心作响。眼看前方。（图 11①）

（2）上动不停，继续向右后转体 90 度，右脚向前落步成右弓步；同时左掌变拳收抱于腰侧，右掌下劈成侧立掌，小指一侧稍向前。眼看右掌方向。(图 11②)

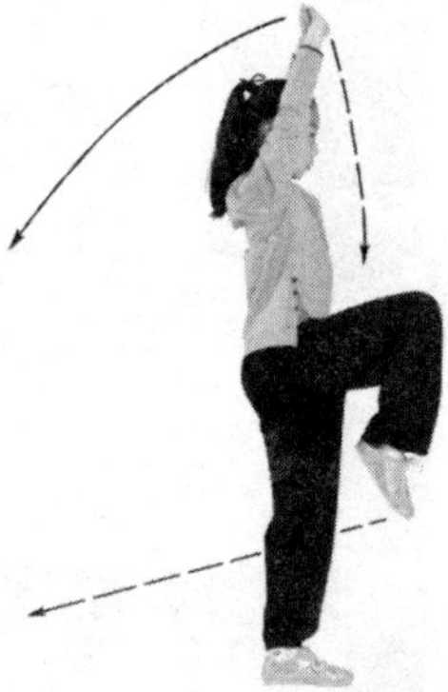

图 11①

图 11②

要点：转体以左脚掌为轴共转 180 度，动作要连贯、平稳；右脚落步要下跺并与劈掌动作一致。

11. 砸拳侧踹

（1）右脚蹬地屈膝上提，重心移至左腿成提膝直立姿势；同时左拳变掌置于体左侧，掌心向下；右掌变拳向上摆举至右肩上方，在右脚下跺震脚成并步下蹲的同时，左掌外旋掌心向上，置于腹前，右拳以拳背向下砸击左掌作响。眼看右拳前下方。（图 12①）

（2）右腿直立，左腿屈膝上提，脚尖上勾，以脚跟或脚外沿向左下方踹出与膝盖同高，上体稍向右倾斜，同时左掌变拳收抱于腰侧，右拳上举架于右肩上方，拳心向上。眼看左脚方向。(图 12②)

图 12①

图 12②

要点：砸拳与震脚要同时完成，侧踹要快速有力，力达脚跟或脚外沿。

12. 撩拳收抱

（1）左脚向左落地向左转体 90 度成左弓步；右拳由上向后、向下，以拳面向前撩至左膝前上方；左拳变掌拍击抓握右拳背。眼看右拳。(图 13①)

（2）右脚蹬地起立向右转体 90 度；右腿屈膝成右弓步，左掌在左下方成分掌，掌心向下；右手变掌经头前上方置于右下方，掌心向下，眼看右手。(图 13②)

（3）上动不停，左脚收回与右脚并拢，随即两掌变拳同时收抱于腰侧，拳心向上，同时向左甩头。眼看左方。(图 13③)

图 13①

图 13②

图 13③

要点：撩拳要有力，拍击要响亮，收抱动作要连贯。

还原势：直立。两拳变掌，直臂下垂，头右转眼看前方还原。(图 14)

图 14

《中国功夫》武术操

由宋晓明作词，伍嘉翼作曲，屠洪刚演唱的歌曲《中国功夫》在武术界得到了普遍认同为经典，作为武术工作者，笔者深受触动，根据本歌曲创编了一套武术操，经过几年演练和多所学校活动开展，并各班进行会操比赛，不但锻炼了身体，而且提高了纪律，振奋了精神，效果非常好。现将《中国功夫》武术操介绍给大家，希望能在中小学校得到广泛开展。

《中国功夫》歌词（开始音乐约22秒）

第一段（慢）

卧似一张弓，站似一棵松，不动不摇坐如钟，走路一阵风。

南拳和北腿，少林武当功，太极八卦连环掌，中华有神功。

第二段（快）

卧似一张弓，站似一棵松，不动不摇坐如钟，走路一阵风。

南拳和北腿，少林武当功，太极八卦连环掌，中华有神功。

第三段（白）

棍扫一大片，枪挑一条线，身轻好似云中燕，豪气冲云天。

外练筋骨皮，内练一口气，刚柔并济不低头，我们心中有天地。

（过门音乐 16 拍）

第四段（快速，同第二段）

卧似一张弓，站似一棵松，不动不摇坐如钟，走路一阵风。

南拳和北腿，少林武当功，太极八卦连环掌，中华有神功。

第五段（白）

清风剑在手，双刀就看走，行家功夫一出手，他就知道有没有。

手是两扇门，脚下是一条根，四方水土养育了，我们中华武术魂。

第六段（慢速，同第一段）

东方一条龙，儿女似英雄，天高地远八面风，中华有神功。

东方一条龙，儿女似英雄，天高地远八面风，中华有神功，中华有神功！

（请网上搜索“中国功夫”歌曲）

《中国功夫》武术操图解

第一段（慢）

卧 ·似 一 张 | 弓 — — — |

站 ·似 一 棵 | 松 — — — |

【卧】两掌从两侧向头上方击掌。

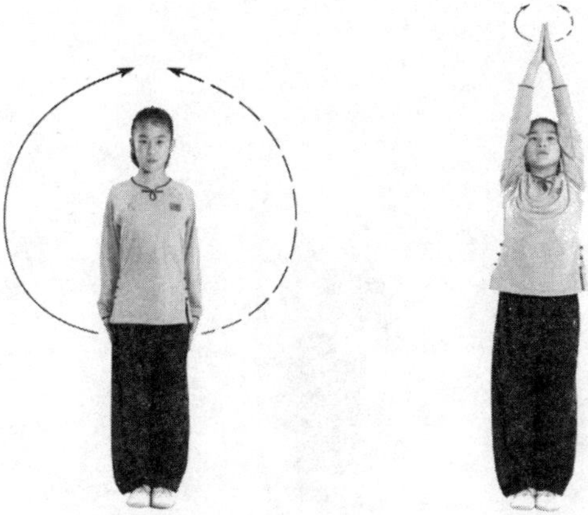

卧

【似】两掌十指交叉内旋上翻使两掌心向上。

似

【一张】两拍静止。

【弓】向前、向下俯腰掌心尽量触地，静止三拍。

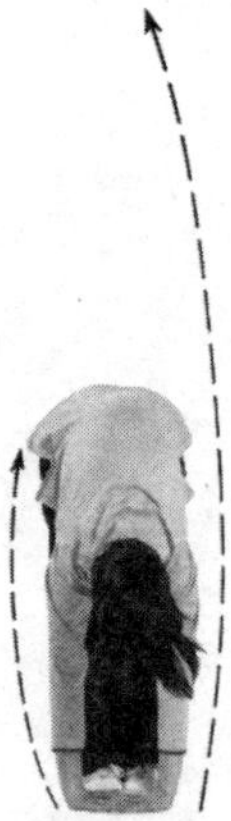

弓

【站】起身直立，同时左掌向上直插，掌心向右，目视前方。

站

【似】静止一拍。

【一】右拳上冲拳心向左，同时左掌下落立掌于右肩前，掌心向右，向左甩头，目视左方。

一

【棵】两手掌在头上交叉后向两侧分掌，掌心向下至腰高，目视右手。

棵

【松】两掌变拳抱于腰部，拳心向上，同时向左甩头，目视左方。

松

不 动 不 摇 | 坐 如 钟 — |

走 · 路 一 阵 | 风 — — — |

【不】左脚向左出步成左弓步，两拳变掌从腰间向左右两侧插掌，掌心向下，高与肩平，目视左掌。

不

【动】上体左转90度，同时左掌抱拳于左腰侧，右掌收立于左肩处，掌心向左掌指向上，同时向右甩头，使头向正，目视正前方。

动

【不】向右转体，重心右移成右弓步，两手向两侧直插掌，高与肩平，向右甩头，目视右掌。

不

【摇】同上面【动】，唯动作相反。

摇

【坐】两手变掌，体前交叉后同时向上再向两侧分掌，掌心向下，目视右手。

坐

【如】两掌继续向下，同时右脚向左脚左后方插步，目视右手。

如

【钟】身体下蹲成左歇步，两手由下而上在体左肩前上方抖腕交叉，右掌在外，上体向左拧实，向左甩头，目视左方。

钟

【走路】两腿起立，身体右转，成开立步，左手前伸，拇指一侧向上，右手抱拳于右腰，目视左手。

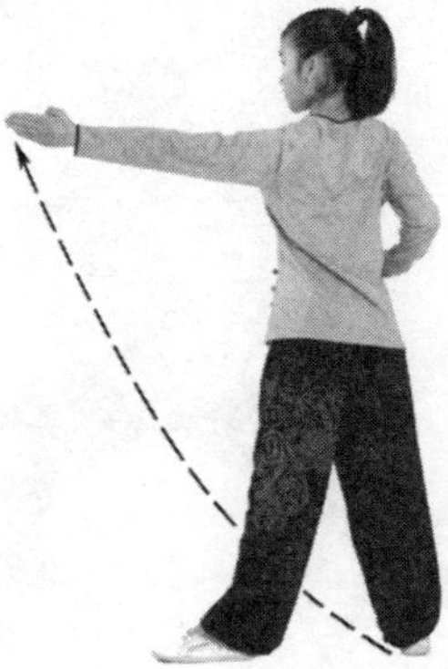

走路

【一】右腿向左手里合腿击响（右脚向右内扣，左手掌击响右脚底）。

一

【阵】右脚垂直落地，身体迅速左转 180 度成左弓步，两手在胸前交叉。掌心向内，目视两手。

阵

【风】身体右转 90 度，成右横弓步，两手随弓步内旋左右分开成立掌，掌心向外，掌指向上，目视左方，静止三拍。

风

南 ·拳 和 北 | 腿 — — — |
少 ·林 武 当 | 功 — — — |

【南】右脚内扣重心坐中成马步，两手握成南拳单指（握拳后食指伸出）由下向前、向上，再屈肘向后下方指，两肘尖抬向上，目视前方。

南

【拳】两肘由上向前、向下擦着腰向后上抬起使手心向下，单指向前，保持马步，目视前方。

拳

【和】两肘稍内夹下沉，并向前推单指坐腕，掌心向前，单指向上，保持马步，目视前方。

和

【北】身体领起，双腿同时内夹成并步，两肘经腰后顶使两拳抱于腰侧，拳心向上，目视前方。

北

【腿】左腿绷脚面向正前上方摆踢，右手经胸前拍击左脚面后立即落脚还原成并步抱拳站立。立即（相反动作）起右腿绷脚面向正前上方摆踢，左手经胸前拍击右脚面后立即落脚还原成并步抱拳站立。目视前方。

腿（第一拍）（第二拍）（第三拍）（第四拍）

【少】右脚向右撤一步成左弓步，上体左转，右拳向左方冲出，拳心向下成左弓步冲拳，目视冲拳方向。

少

【林】收右拳于腰侧，身体右转向正面，两腿内收成马步抱拳，目视前方。

林

【武】重心右移体右转成右弓步，同时左拳向右冲出，拳心向下，目视冲拳方向。

武

【当】右腿蹬起，使身体直立同时提右膝上摆右拳，拳心向上，左拳变掌下摆至体左侧，掌心向下，掌指向前。目视前方。

当

【功】右脚向左脚内侧震脚并步双膝半蹲，同时右拳外旋用拳背向下砸击，左掌心外旋向上迎击作响成并步砸拳，目视右拳。两脚贴地同时向左右两侧分成马步，两手变拳同时向两侧冲拳，拳心向下，目视前方。静止三拍。

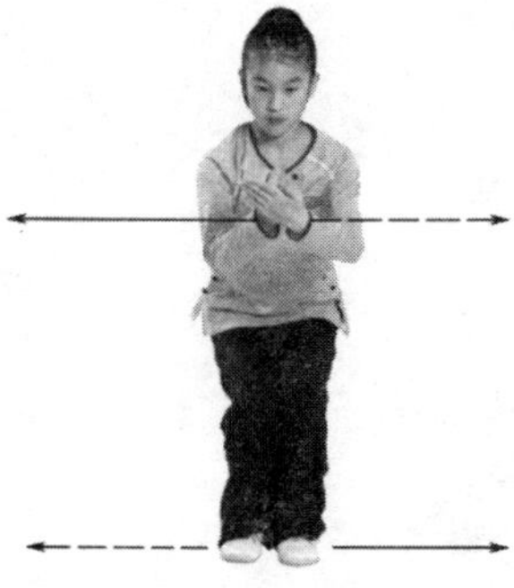

功（第一拍）

功（第二、三、四拍）

太 极 八 卦 | 连 环 掌 — |
中 · 华 有 神 | 功 — — — |

【太极】重心右移成右弓步，左拳变掌向下经体前向右向上摆至右拳处掌心相对，身体右转 90 度，两掌同时向上经头上方向左摆掌，上体随之左转左移重心成左弓步，左手直臂向左成侧立掌，掌心向外，掌指向上，右掌心附于左肘关节处，掌指向上，目视左掌。

太极

【八卦】两掌按原动作路线回摆至原右弓步双摆掌，右掌成侧立掌，掌心向右，掌指向上，左掌附于右肘关节处，掌指向上，目视右掌。

八卦

【连环】左掌随身体左转向下向左摆，掌心向下，重心左移成左弓步，右掌随之向下向左撩击，掌心向上，左掌屈肘击拍右小臂作响，目视右手。

连

环

【掌】重心后移至右腿，左腿站起向右腿后侧点步，同时右掌变拳收抱于右腰侧，左掌向前推出，掌心向外掌指向上。目视左掌，静止一拍。

掌

【中华】左腿前跨成左弓步，左掌收立于右肩处，掌心向右，掌指向上，右拳变掌伸向后下方，掌背向下，目视前方。

中华

【有神】右手向下向前向上直臂抡起，随身体右转 180 度后再向下向右后摆至体右下侧，掌心向内，指向下，同时，左掌向下向左向上随身体右转举向左肩正上方，掌心向左，指向上，目视右侧前方。

有神

【功】右手上提抱拳至右腰侧，左掌变拳，拳心向下，压至左髋前突停，头向左甩向正方，目视前方，静止三拍。

功（———）

第二段（快）

卧似　一张　弓　—　|　站似　一棵　松　—　|

不动　不摇　坐如　钟　|　走路　一阵　风　—　|

【卧似一张】身体左转，左脚向左外展成马裆步（半马步），左拳外旋向左方格挡，目视左拳。

卧似一张

【弓】右腿蹬直成左弓步，同时右拳向前冲出，拳心向下，左拳回收腰间，拳心向上，目视右拳方向。

弓一

【站似一棵】重心前移，左腿支撑，右腿前蹬高同水平，左拳前冲，拳心向下，右拳收腰拳心向上，目视左拳方向。

站似一颗

【松】右脚向前下落成右弓步，同时右拳冲出拳心向下，左拳收腰，目视右拳方向。随即利用最后一拍，提右膝，右臂内旋举右拳，拳心向上，左拳变掌按于左侧，掌心朝下，掌指朝前，准备下一拍砸拳。

松

（一）

【不动不摇】右脚下踩震脚，右臂外旋拳背下砸，同时左掌外旋掌心向上迎击右拳背，于腹前砸击作响。

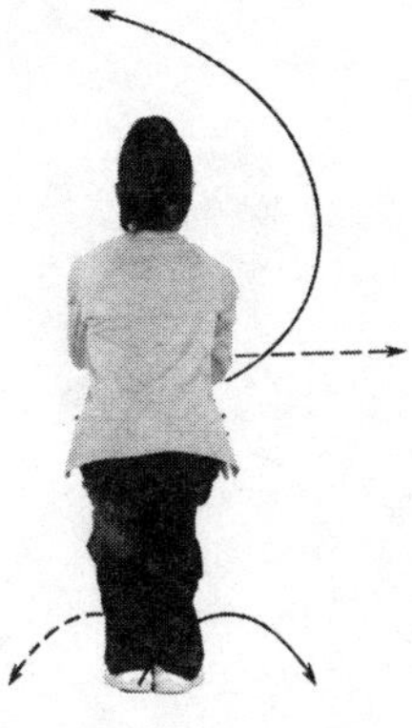

不动不摇

【坐如钟】两腿跳起向右后转体 180 度落下成马步，右拳经体前上架于右肩上方，拳心斜向上，左拳向左冲出，拳心向下，目视左拳方向。

坐如钟

【走路】重心左移，上体略右转，右膝提起，右拳变掌外旋下落收于腰间掌心向上，目视右方。

走路

【一阵风】右脚向右方落地成右弓步，同时右拳变掌从腰间推出，掌心向前，掌指向上，左拳收腰间，目视推掌方向。

一阵风

南拳　和北　腿　—　|　少林　武当　功　—　|

太极　八卦　连环　掌　|　中华　有神　功　—　|

【南拳】左拳变掌向下向右手前，两手合掌向上向左，随重心左移和身体左转成左弓步时摆至左侧方，成侧立掌，掌心向外，指向上，右掌附于左肘关节处，掌指向上，目视左手。

南拳

【和北腿】上体右转，左腿下蹲成右仆步，左臂同时内旋成反臂勾手，勾尖向上，右掌附于左肩处，目视右脚。

和北腿—

【少林武当】右掌搂向右脚面处，掌心向下。

少林武当

【功】右脚尖稍外展，右膝前顶起成右弓步，右手同时从右脚跟处向下向后搂手成反臂勾手，勾尖向上，同时左勾变掌外旋向下、向前撩掌，高于肩平，掌心向上，目视左掌。

功—

【太极】右腿站起，右勾变掌外旋由后向上向前拍击，左腿由后向前绷脚面向上摆踢与右掌心击拍作响，左手变拳收抱于腰间，拳心向上，目视前方。

太极

【八卦】左脚前落成左弓步，右掌内旋上架于右肩上方，掌心斜上，掌指向左；左拳变掌从腰间向左推出，掌心向前，掌指向上，目视左掌方向。

八卦

【连环掌】静止两拍。

【中华有神】右手向右下按，后收拳于腰间，提右腿右脚外旋，身体由右向后转体 180 度，左掌同时向上，随转身后在体前下按，掌心向下，掌指向右，横按于身前高于腰齐，此时右脚垂直下震，左脚随之前跨一步，下蹲成马裆步。

中华

有神

【功】右腿蹬直成左弓步，右拳从腰间经左手背向前冲出，拳心向下，左手背贴于右腋下，手心向下，目视右拳方向。随即向右转体收右拳成开立步抱拳，准备冲拳。

功

第三段（白）

棍扫　一大　片（哈哈）　　| 枪挑　一条　线（哈哈）|

身轻　好似　云中（燕哈哈）| 豪气　冲云　天（哈哈）|

1. 当第一句“棍扫一大片”三拍独白后，第四拍时间高喊“哈哈！”同时向前连冲两拳（先冲左拳，再冲右拳、同时收回左拳），右拳冲出后，静止等候第二句独白。

哈哈

2. 当第二句“枪挑一条线”三拍独白后，同样用第四拍连冲两拳，高喊“哈哈！”

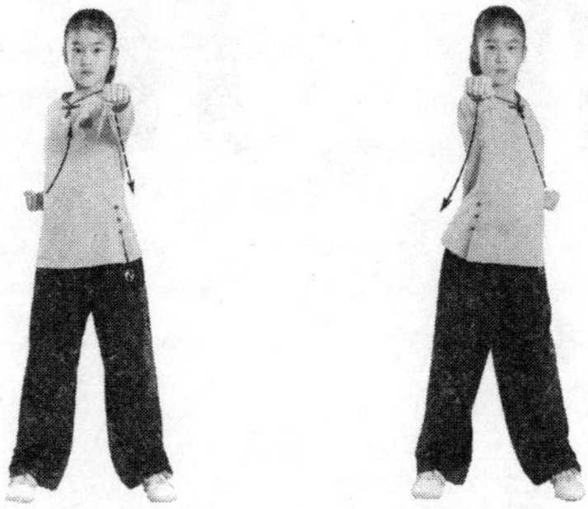

哈哈

3. 当第三句“身轻好似云中燕”是四拍，即在第四拍“燕”的同时连冲两拳并高喊“哈哈！”

哈哈

4. 当第四句“豪气冲云天”也是三拍，按上面进行并高喊“哈哈！”

哈哈

外练 筋骨 皮 （杀） | 内练 一口 气（杀） |

刚柔 并济 不低 头（杀）| 我们心中 有天 地（杀）|

1. 当“外练筋骨皮”独白三拍后，第四拍左腿向左跨步身体左转 90 度成左弓步，同时右拳由下向左向上直臂抛拳至右肩上方，拳眼向后，左拳由下向左平举，拳眼向上，同时喊“杀!”，目视左前方向。

杀

2. 当“内练一口气”独白三拍后，第四拍身体向右后转 180 度，成右弓步，同时左拳向下随转体向右向上方直臂抛拳至左肩上方，拳眼向后，右拳随转体向下向右平举，拳眼向上，同时喊“杀!”，目视右前方向。

杀

3. 当“刚柔并济不低头”独白四拍，在第四拍，向左做“1”动作喊“杀!”

杀

4. 当“我们心中有天地”独白三拍后，第四拍向右做“2”动作，喊“杀!”

杀

音乐间奏 16 拍：接上动，立即抬左脚下踏，开始原地踏步，集体喊口令：

一 二 一 0 | 一 二 一 0 | 一 二 0 0 |
三 四 0 0 （踏步停止或并步站立）|
（准备第四段）

第四段（快）

卧似 一张 弓 — | 站似 一棵 松 — |
不动 不摇 坐如 钟 | 走路 一阵 风 — |
南拳 和北 腿 — | 少林 武当 功 — |
太极 八卦 连环 掌 | 中华 有神 功 — |

参照第二段完全一样的动作，重复一遍，最后一句“中华有神功”最后一拍“功”是弓步右冲拳，冲拳后利用最后一拍做右拳上举、右膝上提，左掌按至左胯旁，准备下面独白第一拍“清风”时砸拳。（如图）

功

（准备砸拳）

第五段（白）

清风 剑在 手 — | 双刀 就看 走 — |
行家 功夫 一出 手 | 他就知道 有没 有 — |

1.【清风】：接上动“左弓步右冲拳”动作，右拳内旋上举至头上方，拳心向上，右膝高提勾脚尖；左掌向左、向下按至左胯旁，掌心向下，掌指向前；独白“清风”时右拳外旋下砸和左手外旋掌心向上于腹前迎击右拳背作响；右脚同时下踩在左脚内侧震脚，双膝半蹲，震脚砸拳同时作响并喊“哈!”，目视砸拳。

清风（哈）

2.【剑在】：右腿直立，同时提左膝向前勾脚尖蹬出；右拳同时从腰间向前立拳冲出；左掌同时变拳收抱于左腰侧，拳心向上；同时喊“哈!”，目视冲拳方向。

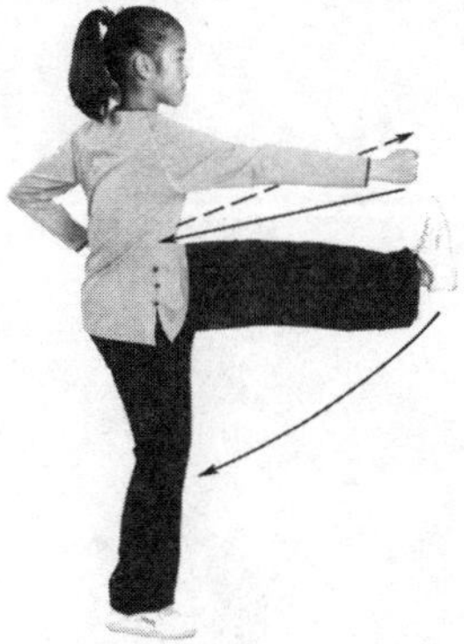

剑在（哈）

3. 【手】：左脚向左落步并下蹲成马步；同时左拳从腰间立拳前冲，右拳收抱于右腰侧，拳心向上；不停，右拳立即立拳向前冲出，左拳同时收抱于左腰侧，拳心向上。此两动在一拍内完成并同时喊出“哈哈！”

手（哈）

（哈）

4. 利用第四拍空拍，左脚向左碾转 90 度成背向，同时右拳内旋

上举至头上方，左掌下按至左胯旁，掌心向下，掌指朝前。(如下图)

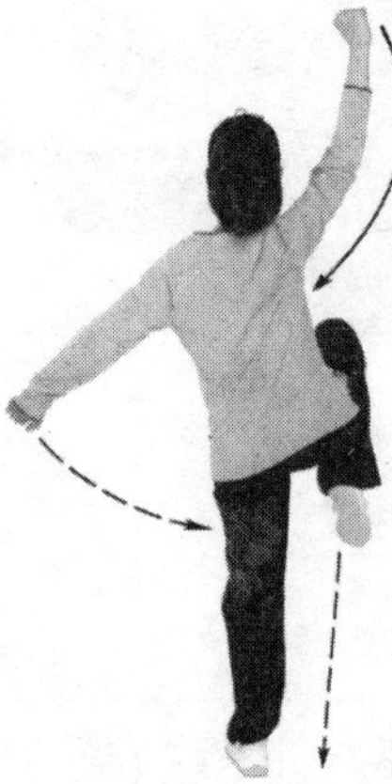

1. 【双刀】：同上面【清风】接上动。同时向左转向 90 度成背向并步砸拳，同时喊“哈！”

双刀（哈）

2. 【就看】：同上面【剑在】，背向的左蹬腿右冲拳，并喊“哈！”

就看（哈）

3.【走】：同上面【手】，背向的马步左右冲拳，并喊“哈哈！”

走（哈哈）

4.【一】：同上面“4”。

1.【行家】：同上面【清风】，同时再向左转向 90 度成另一侧向，喊“哈！”

行家（哈）

2.【功夫】：同上面【剑在】，喊“哈！”

功夫（哈）

3.【一出】：同上面【手】，喊“哈哈！”

一（哈）

出（哈）

4.【手】：同上面第4拍，向左转90度成正面。准备下一拍并步砸拳动作。

手

1.【他就知道】：同上面【清风】，同时再向左转向90度成面向正前方的并步砸拳。喊“哈！”

他就知道（哈）

2.【有没】：同上面【剑在】。正面左蹬腿，右冲拳。喊“哈！”

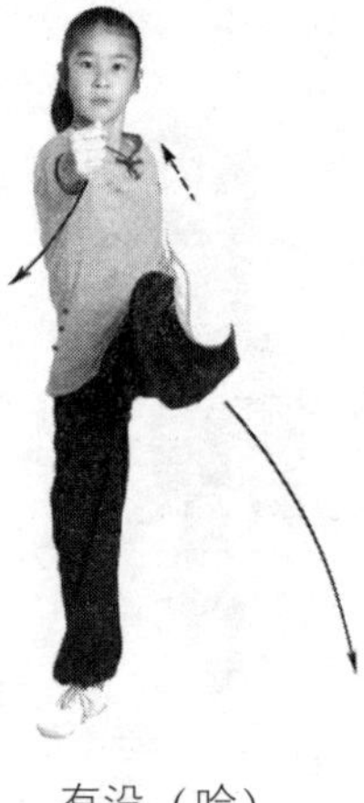

有没（哈）

3.【有】：同上面【手】。正面的马步左、右冲拳。喊“哈哈！”

有（哈哈）

4.【一】：左脚并向右脚，双手抱在腰间。

手是 两扇 门 — | 脚下是 一条根 — |
四方 水土 养育 了我们 | 中华 武术 魂 — |

1. 当【手是两扇门】独白三拍后，第四拍时右腿直立，左腿提膝向前勾脚蹬出，同时右拳自腰间立拳冲出；左拳收抱于腰间，拳心向上，同时喊“哈！”，眼向前看，并立即还原成并步抱拳静止。

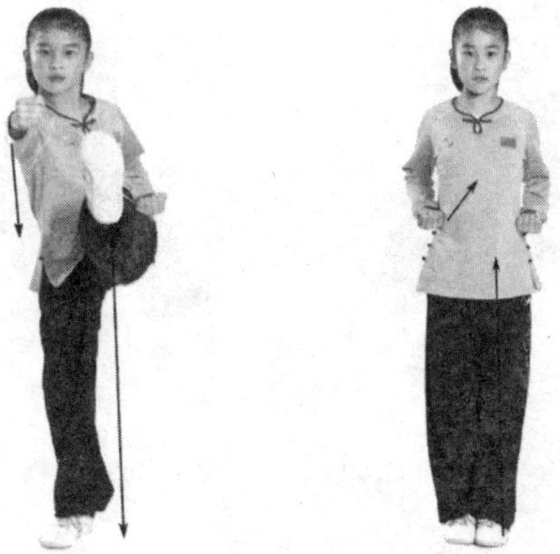

哈

2.【脚下是一条根】：独白三拍后，第四拍做相反动作，即右蹬腿左冲拳，同时喊“哈!”，眼向前看，并立即还原成并步抱拳静止。

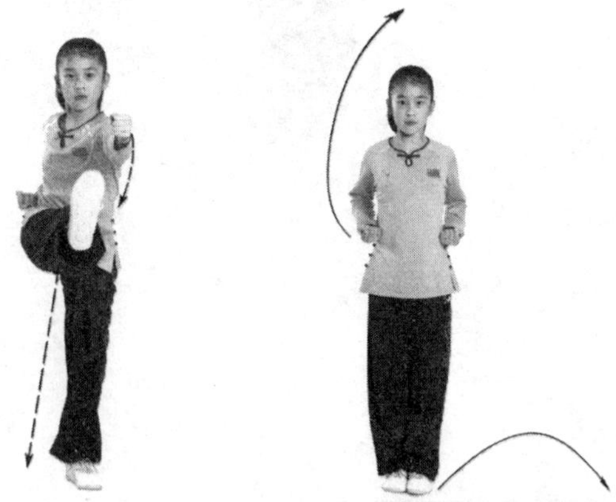

哈

3.【四方水土养育了我们】：第四拍“我们”时，左腿提膝向左侧踹，勾脚尖高与膝齐；同时右拳内旋上举至右耳上方，拳心向上，喊“哈!”，眼看左脚，并立即还原成并步抱拳势静止。

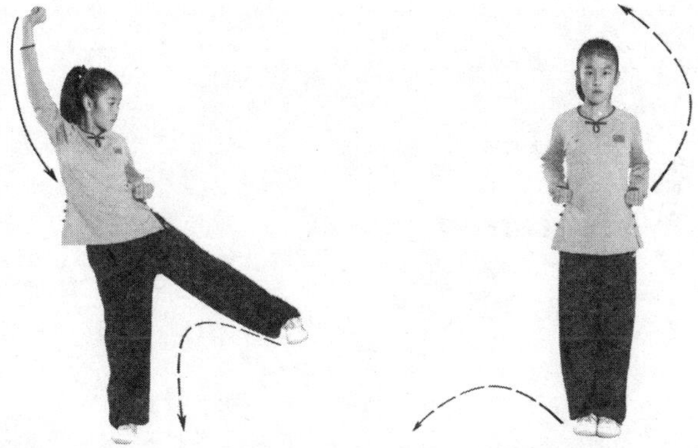

哈

4.【中华武术魂】：第4拍时，做相反动作，即做右腿向右侧踹，左手内旋上举于左耳上方，眼看右脚并立即收腿还原成并步直立，随即提左腿前摆右手，准备进行下面的原地踏步第一动。

音乐间奏共24拍，原地踏步，齐喊口令：

一 二 一 0| 一 二 一 0 | 一 0 二 0 |
三 0 四 0 | 一 二 0 0 | 三 四 0 （停）
（成并步站立）|

第六段（慢）（第一遍）

东.方 一条 | 龙 --- | 儿.女 似 英 | 雄--- |
天 高 地远 | 八面风 - | 中.华 有 神 | 功 --- |

【东】左脚向左跨一步，身体左转90度成左弓步，两手由腰向左方推出成交叉立掌，掌心向前，掌指向上，目视推掌方向。

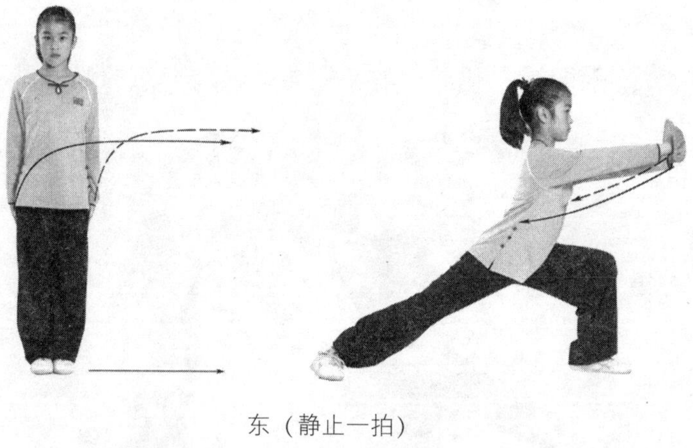

东（静止一拍）

【方】静止一拍。

【一】身体右转 180 度成右弓步，两手随转体收掌于腰间，掌心向前，掌指向下，目视弓步前方。

一（静止一拍）

【条】静止一拍。

【龙】身体向左转 90 度，保持右侧弓步，同时右掌向右上方直插，掌心向左，掌指向上，左掌向左直插高与肩平，掌心向上，掌指向左方向，同时向左甩头，目视左手方向，静止三拍。

龙（静止三拍）

【儿】向左转体 90 度，成左弓步，右手经右腰向左推出立掌，掌心向前，掌指向上，左掌收至腰间成拳，拳心向上，目视右掌方向。

儿

【女】静止一拍。

【似】左弓步不变，左手向左推出立掌，左肩顺出，右肩后引，右掌同时变拳收抱于腰间，拳心向上，目视左手方向。

似

【英】重心右移成右弓步，左掌收拳于左腰侧，拳心向上；右拳变掌自腰间向右平插与肩同高，大拇指一侧向上，目视右手方向。

英

【雄】左脚靠向右脚成并步站立，同时右手向上抖腕亮掌于右肩上方，向左甩头，目视左方成并步亮掌。静止三拍。

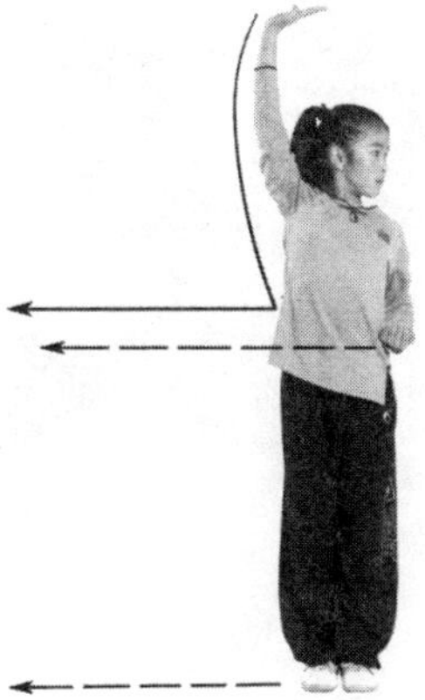

雄（静止三拍）

【天】右腿向右跨一步，身体右转 90 度成右弓步，右手下落经腰侧和左拳同时向右方推出成交叉立掌，掌心向前，掌指向上，目视掌方向（和【东】动作相反）。

天（静止一拍）

【高】静止一拍。

【地】动作和【一】相反。

地（静止一拍）

【远】静止一拍。

【八】动作和【龙】相反。

八（静止一拍）

【面风】静止一拍。

【中】动作和【儿】相反。

中（静止一拍）

【华】静止一拍。

【有】动作和【似】相反。

有

【神】动作和【英】相反。

神

【功】动作和【雄】相反，静止三拍。

功（静止三拍）

（第二遍）

东．方　一条 ｜ 龙 --- ｜ 儿．女　似　英 ｜ 雄--- ｜

天　高　地远 ｜ 八面风 - ｜ 中．华　有　神 ｜ 功 --- ｜

第二遍这两句均重复前面两句动作，即反复一遍。

（最后一句）

中．华　有　神 ｜ 功--- ｜

【中】两手从体前手背向下向两侧向上，掌心相对，目视前方。

中

【华】两手掌心向下同时下落叉腰，目视前方。

华

【有】两手掌心向上从腰间向前同时穿出，大拇指一侧向上，目视前方。

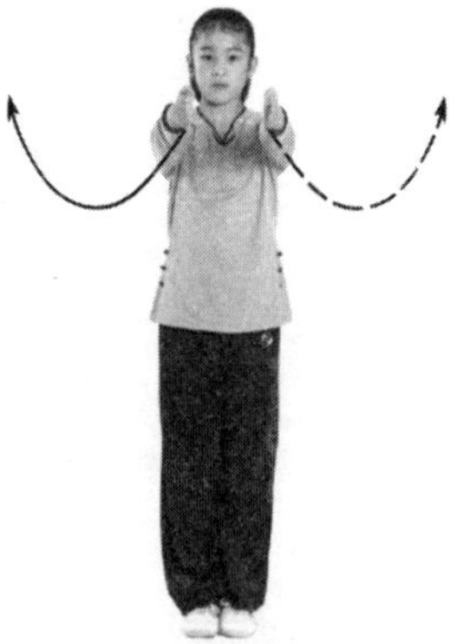

有

【神】两手掌背向下，分别向两侧经腰间弧形内旋摆至侧平举，掌心向后拇指一侧向下。

神

【功】两手内旋使手背快速向胸前抖腕成右拳左掌，左掌按在右拳面上成抱拳礼，目视前方，保持并步挺胸立腰，静止直至音乐结束，两手放下成并步直立。

功

（还原）

建议：

1.《中国功夫》歌曲用时约 4 分钟，节奏适合中小学生。小学生做该操时，可将歌曲整体缩短 20–30 秒，使节奏稍快些，适合小学生使用。

2. 在音乐间奏踏步时，可集体喊口令，也可齐声高喊口号，如“弘扬中华武术，振奋民族精神!”，“中华武术，源于中国，属于世界!”，“少年强则中国强”等。

少年剑术

剑的基本知识

剑是武术器械中短兵的一种，剑术是以刺、点、崩、撩、挂等剑法组成的套路练习。有单剑和双剑之分，还有长穗和短穗之别。本剑术是单剑，可挂短穗。剑不用时要插入剑鞘内。

剑的部位名称：

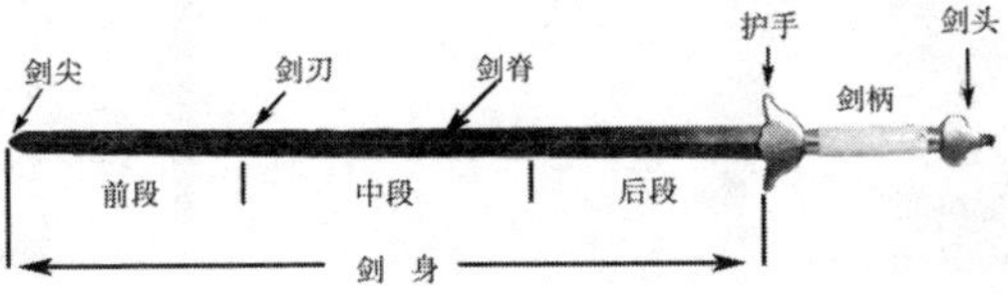

单剑

剑鞘

剑的规格标准：

（1）剑身长度以直臂下垂，反手握剑的姿势为准，剑尖不得低于本人的耳朵上沿。

（2）剑由金属制成。一般用木制或竹制亦可。少年儿童的剑无重量规定。制作时注意护手（也称剑盘）和剑柄相连处要圆顺，不要出现棱角，否则在练习时易擦伤虎口。

剑的基本握法和剑指

持剑（即左手反握剑）：左掌心贴住护手，食指直附贴于剑柄，拇指为一侧，其余手指为另一侧，直腕扣握护手，剑脊贴靠前臂内侧。(图 1)

左手持剑正面

左手持剑背面

图 1

握剑：右手五指握拢剑柄，虎口靠住护手，剑刃必须与虎口相对（图 2）。剑在运行中突然直腕停止时，亦可将食指放开，贴于护手上，以利控制剑身，使其灵活、稳固。如握剑直刺（图 2）。但是由于剑法颇多，在运用点剑、刺剑、斩剑、截剑等剑法时，握剑时手腕和手指用法还要灵活掌握。

握剑

握剑直刺

图 2

剑指：中指与食指伸直并拢，其余三指屈向手心，拇指按贴在无名指第一指节上。(图 3)

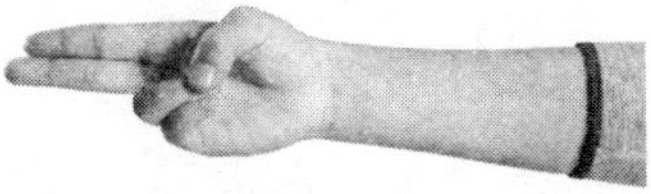

图 3

基本剑法

立剑与平剑：剑刃向上下为立剑；剑刃向左右为平剑。

刺剑：立剑或平剑向前直出为刺，力达剑尖。剑柄贴紧前臂内侧，臂与剑成一直线。平刺剑剑尖与肩平；下刺剑剑尖与膝平。

挂剑：立剑（左脚在前开立步），剑和手腕约成 90 度，剑尖由前向上（随身体右后转）、向后手外旋向下、向右后侧为挂，力达剑身前部。挂剑时，剑尖始终领先，剑贴近身体，但不能触及身体和地面。

劈剑：立剑，由上向下为劈，力达剑身。剑柄紧贴前臂内侧，臂与剑成一直线。后劈剑时要与身体后转协调一致。

撩剑：立剑，剑柄领先，使剑沿身体左或右侧由下向前上方为撩，力达剑身前部。撩剑时以腕控制剑身，臂随之外旋或内旋。

云剑：平剑，剑在头顶或头部前上方向左或向右划一平圆为云；云剑时腕部放松使其灵活转动。

点剑：立剑，剑尖翘起，然后提腕使剑尖猛向前下为点，力达剑尖。点剑时腕部用力，剑尖低于剑柄，右肩前顺，臂伸直。

截剑：剑身斜向上或斜向下为截，力达剑身前部。截剑时腕部用力，剑和臂成一直线。

少年剑术第一套

（一）动作名称

预备式

1. 弓步前指	7. 弓步平斩
2. 回身穿剑	8. 插步后斩
3. 虚步接剑	9. 翻身下刺
4. 歇步下刺	10. 提膝下点
5. 跳步前刺	11. 并步前刺

6. 丁步截剑　　　　12. 交剑收势

动作说明

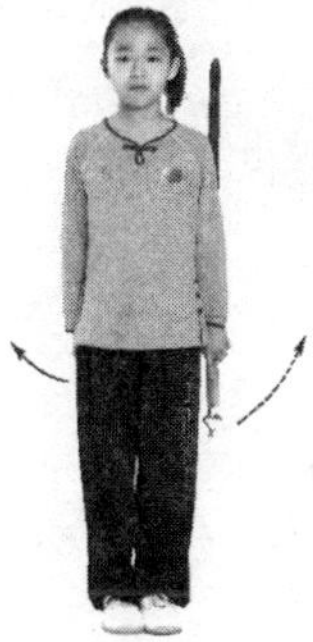

图 4

图 5

预备式

（1）两脚并步直立挺胸，收腹；左手反握持剑，剑尖朝上；剑身贴在手臂后侧；右手五指并拢于体侧下垂；眼看前方。(图 4)

（2）两肘内旋上提（两手离体侧约 20 厘米）右手成剑指，剑指向斜前方；剑身后段，紧贴手臂后侧，头向左转，眼看左方。(图 5)

（3）要点：收腹、挺胸、沉肩、下颚微收，剑身后段贴住左手小臂后侧，保持稳固。

1. 弓步前指

（1）左脚侧出一步向右转体成右弓步，同时左手持剑臂内旋，经体前向右弧形上摆，右手剑指收于腰侧。眼看左手。(图 6)

（2）上动不停，向后转体成左弓步，同时左手持剑向上、向左、向下绕环成持剑提肘姿势，右剑指经右耳侧前伸指出，拇指一侧向上。眼看前方。(图 7)

图 6

图 7

要点：左手的动作要构成一圆，前指动作与左弓步要同时完成。两脚随步型变换而碾地转向以适应步型。

2. 回身穿剑

右臂外旋使掌心向上，同时左臂屈肘持剑上提经右掌心向前穿出，拇指一侧向下；右剑指顺左臂屈肘经左肩前，在上体向后转成右弓步的同时右指，拇指一侧向上。眼看右手。(图 8)

图 8

要点：两臂左右平举时剑脊紧贴左臂后侧。

3. 虚步接剑

向左甩头略转体，收左髋，左脚收步成左虚步；同时两臂屈肘抬平合抱于胸前，左手持剑在内，手心向外，拇指一侧向下；

右手在外，手心向内贴剑柄准备接握剑。眼看剑尖方向。(图 9)

图 9

要点：两臂在胸前合抱的动作与虚步要同时完成。

4. 歇步下刺

向左转体 180 度左脚跟着地外展，右膝向左小腿外侧顶出，臀部坐于右足跟上下蹲成歇步，同时左臂后伸成剑指，拇指一侧向上；右手握剑臂外旋向前斜下平刺，掌心向上，眼看剑尖。(图 10)

图 10

要点：转体下蹲成歇步时左脚外展以保持稳定，剑指与下刺动作要一致，上体稍前倾。

5. 跳步前刺

（1）起立，身体右转并带动右臂直臂内旋由前向上向后斜上举剑，左剑指随上体右转屈臂下落停于右肩前。眼看前方。(图 11)

（2）右脚向左前上一步随即蹬地向前纵跳（单脚跳），左脚收靠于右小腿内侧，同时右手握剑向后下落内旋屈腕，肘放松略屈，使剑尖回摆向前，左剑指前伸。眼向前看。(图 12)

（3）左脚随即上步成左弓步，右手握剑向前直刺，拇指一侧向上，左手剑指屈臂上举停于左肩上方，掌心斜向上。眼看剑尖方向。(图 13)

图 11

图 12

图 13

要点：右手绕环握剑与右脚上步向前纵跳的动作要协调，直刺与成左弓步的动作要同时完成。

6. 丁步截剑

右手握剑屈肘收于胸前，掌心向上；左手剑指下落附于右腕。随即向右转体90度，左脚收至右脚旁，脚尖点地成丁步；右手握剑翻腕内旋向右下摆截剑；掌心向下，左剑指向左侧斜上方伸直，掌心斜向上。眼看剑尖。(图14)

图14

要点：截剑和丁步动作要一致；成丁步时要挺胸塌腰，上体稍向右倾。

7. 弓步平斩

左脚跟先落实，右脚向后退步成左弓步，同时向左转体90度，右手握剑臂外旋使掌心翻上，向左回摆斩剑；斜停于胸前，剑尖高与头平，左手剑指屈臂下落附于右腕，眼看剑身前段。(图15)

图 15

要点；转体退步，左臂下落时回摆斩剑要协调一致。

8. 插步后斩

左脚向右脚后插步，脚尖点地，上体右转，同时右手握剑在上体右转的同时，臂内旋使掌心翻下，向右后平摆斩剑；左手剑指向头左前斜上方屈臂上举，掌心向斜上，眼向剑尖方向平视。(图 16)

图 16

要点：剑与右臂平直，挺胸、收腹、立腰。

9. 翻身下刺

(1) 左脚向右脚方向收半步，右手屈腕臂内旋使剑尖向下。眼看剑尖。(图 17)

（2）上动不停，两腿直立身体向左后翻转 180 度，挺胸向上，使剑身前段上刃上挂至头右上方，剑尖向左上。抬头眼向上看。（图 18）

（3）上动不停，上体继续向左翻转 180 度下蹲成歇步，同时右手心翻上向斜下平刺，左剑指附于右腕，眼看剑尖。（图 19）

要点：挂剑动作要连续不停地成一立圆，翻身转体与挂剑下刺的动作要协调一致，成歇步时，左脚尖先向外展，右脚跟提起，臀部坐在右脚跟处。

图 17

图 18

图 19

10. 提膝下点

起立，右脚向右跨步，左腿屈膝上提成提膝平衡；同时右手握剑内旋上举向右侧下屈腕点剑，左手向左上方弧形摆起，抖腕亮指停于左肩上方。眼看剑尖。（图 20）

图 20

要点：跨步成提膝独立平衡动作要轻巧稳健，并与点剑、抖腕的动作同时完成。

11. 并步前刺

（1）以右脚掌为轴向左转体 90 度，同时右手腕内旋时虎口向下，剑尖回摆，左剑指直接下落前伸，拇指一侧向上，眼看剑指。（图 21）

（2）左脚向前落步，右脚随即并步震脚半蹲；右手握剑向前立剑直刺，拇指一侧向上，左剑指附于右手大臂内侧。眼看剑尖方向。（图 22）

要点：右脚并步要快，上体挺胸直腰、稍前倾。

图 21

图 22

12. 交剑收势

（1）右脚向后退步，上体右转 90 度成右弓步，同时右手向右平拉，两臂屈肘平举合抱于胸前（右手在外，手心向内，左手在里，手心向外贴剑柄），右手把剑柄交于左手。眼看左侧方向。(图 23)

（2）上体继而右转 90 度，左手持剑向右伸直，右剑指屈肘收于腰侧，眼看剑柄方向。(图 24)

（3）上动不停，上体左转 90 度，左手持剑直臂上举，向左后下绕环屈肘背于后腰际，手背贴腰，使剑尖从左肩后斜向伸出；右剑指向后，向上摆至头右上方随即下落经右腿前向左上摆起至左肩前抖腕上翘，同时左脚收回以脚尖向前点地成高虚步。向左甩头，眼看左前方。(图 25)

要点：两臂绕环摆动与收左脚成高虚步，右剑指停于左肩前与向左甩头的动作要协调一致，同时完成。

还原势：两臂收回于两侧自然下垂，右脚上步与左脚并拢直立，头向右转，眼看前方。(图 26)

图 23

图 24

图 25

图 26

少年剑术第二套

动作名称

预备式

第一段

1. 并步按指
2. 高虚步背剑上指
3. 提膝抱剑
4. 弓步下刺剑
5. 上步回身后劈
6. 弓步平斩
7. 提膝下截剑
8. 坐盘刺剑
9. 架剑望月平衡
10. 回身提膝下点剑

第二段

11. 左右撩剑
12. 弓步下点剑
13. 回身弓步刺剑
14. 提膝架剑
15. 左右挂剑
16. 歇步下劈剑
17. 丁步下点剑
18. 弓步刺剑
19. 转身云剑
20. 高虚步背剑按指

收势

并步持剑站立

动作说明：

预备式

两脚并步直立挺胸，收腹；左手反握剑，剑尖朝上；右手五指并拢体侧下垂；目向前平视。(图 1)

第一段

1. 并步按指

两臂同时屈肘微上提，右手成剑指臂内旋屈腕，手心向下，手指向左斜方；左手反握剑，剑身与地面垂直紧贴前臂内侧，向左甩头；目视左方。(图 2)

图 1

图 2

要点：两肘微提和甩头动作要同时完成；保持挺胸，收腹。

2. 高虚步背剑上指

（1）右脚向右方上步，成右弓步，左手反握剑直臂向下、向右前方划弧，臂前平举微内旋；右剑指屈肘收于腰间，手心向上；目视剑柄前方。(图 3)

（2）右腿直立支撑；左脚迅速向右脚前方弹出，脚面绷平，脚尖点地，成高虚步；左手反握剑直臂向上、向后划弧，屈肘收

至体后，手背贴紧后腰，剑脊贴于左肩后使剑尖斜向伸出；右剑指向上直臂指出，手心向左；目视左方。(图4)

图3

图4

要点：左脚弹出和右手上指同时完成，双脚左虚右实分明。

3. **提膝抱剑**

(1) 右剑指直臂向下；左手反握剑向上，两臂侧平举；目视左方。(图5)

(2) 上动不停，左手反握剑在头上方外旋翻手腕成掌心向上，使剑身自左向前向右向后平绕一周（云剑）成左手托剑；右剑指屈肘收于腰间，手心向上；目视左手。(图6)

(3) 上动不停，左手托剑屈肘收于右胸前，手心向上，剑尖向左下方；右剑指附于剑柄上方；左膝向上提起，脚面绷平；目视剑尖。(图7)

图 5

图 6

图 7

要点：云剑时手腕放松平旋，动作要快；提膝时支撑腿伸直，上体微向左探出。

4. 弓步下刺剑

（1）右腿屈膝下蹲；左脚向左前方落步屈膝成半马步；重心在两腿中间；右手接剑屈肘放至体胯侧，手心向内，剑尖向右前方；左手成剑指收于腰间，手心向上，目视剑尖前方。（图 8）

（2）右腿用力蹬直成左弓步；右手握剑经腰间向右前下方用力刺出；同时左剑指向左后上方直臂指出，拇指一侧向上；目视剑尖。(图 9)

图 8

图 9

要点：刺剑前右手腕扣紧，剑身要平，上体微右转；刺剑时右肩前顺，上体微探出。

5. 上步回身后劈

（1）双腿站起右脚向前移半步，前脚掌着地右手握剑臂外旋，屈肘将剑带至头部左前方；左剑指附于右腕内侧；目视剑尖。(图 10)

（2）右脚向左脚前方上步，脚尖外撇；右手握剑在体左侧向上、向左、向下、向前划弧；左剑指随右腕动作停于右肩上方，目视剑尖。(图 11)

（3）上动不停，左腿向后伸直，前脚掌着地；右腿屈膝，成交叉步；右手握剑由上向右后劈出，臂伸直；左剑指向下、向左划弧抖腕亮指于左肩上方；目视剑尖。(图 12)

图 10

图 11

图 12

要点：剑身要平，与右臂成一直线，力达剑身；双肩放松，左脚尖外撇，向右拧腰。

6. 弓步平斩

左脚向前上步成左弓步；右手握剑臂外旋，手心向上，直臂由后向右、向前划弧平斩；左剑指向下，向左划弧亮于左肩上方；目视剑尖。(图 13)

图 13

要点：左脚先落步，再做剑的动作；注意拧腰，右肩前顺。

7. 提膝下截剑

（1）右手握剑臂内旋，手腕内扣将剑收至体前，剑尖高于剑柄，手心向下；左剑指下落附于右腕；目视剑尖。（图 14）

（2）左腿直立支撑，右腿屈膝向上提起，脚面绷平；右手握剑由左向前、向右下方用力截出，左剑指直臂斜上举，手心向上；目视剑尖。（图 15）

图 14

图 15

要点：截剑时手腕用力，剑柄紧贴前臂内侧，上体向右拧腰并微探出。

8. 坐盘刺剑

（1）右脚向左侧落步，脚尖外撇；左腿微屈，前脚掌着地；右腕内扣将剑转向收至体侧；左剑指臂内旋，手心向后；目视剑尖。(图 16)

（2）身体向左上翻身，重心在双腿中间；右手握剑向下、向左划弧；左剑指向上、向左划弧；挺胸、抬头。(图 17)

（3）上动不停，上体继续向左翻身；左剑指向上、向左、向下；右手握剑继续向上、向左、向下划弧并随向左翻身，向体左侧斜上方刺出，手心向上；左剑指附于右腕内侧；右脚跟踮起内旋，双腿屈膝交叉成坐盘，右腿在下，大小腿外侧着地足尖绷直，目视剑尖。(图 18)

图 16

图 17

图 18

要点：翻转速度要快，剑尖领先，剑贴身走立园；坐盘要挺胸、拧腰，左脚尽量外展并全脚踏实才能稳定。

9. 架剑望月平衡

左腿直立支撑；右腿在左腿后方屈膝向后上方抬起，脚面绷平，脚底向上；右手握剑臂内旋，翻腕将剑横架头顶上方；左剑指向左指出，剑指向上；目视左剑指前方。(图 19)

图 19

要点：抬腿和两手的动作同时完成；髋向后挑起塌腰；架剑剑身要平。

10. **回身提膝下点剑**

（1）左腿微屈；右脚向后落步，前脚掌着地；右手握剑微屈肘将剑放至左髋侧；左剑指收至剑柄上方；目视剑尖。(图 20)

（2）右手握剑随身体右转由左向下、向前划弧，剑尖低于剑柄；左剑指附于右肘处；目视剑尖。(图 21)

（3）上动不停，向右继续转体至 180 度，右腿直立支撑；左腿屈膝提起，脚面绷平，同时右手握剑向上、向右斜下方快速点出，左剑指亮于左肩上方，目视剑尖。(图 22)

图 20

图 21

图 22

要点：点剑时手腕用力，并与亮指、提膝动作同时完成；上体向点剑方向探出。

第二段

11. 左右撩剑

（1）左脚向左侧落步，双腿微屈；右手握剑手腕下沉，使剑尖翘起，目视剑尖。（图 23）

（2）左脚外撇；身体左转 90 度，右脚前脚掌着地；同时右手握剑向下、向右前方划弧，手心外旋向上，左剑指随体转向上、向左划弧，举于体侧；目视剑尖前方。（图 24）

（3）上动不停，右脚向前上步，腿微屈；右手握剑继续向上、向左、向下划弧；左剑指附于剑柄内侧；目视剑尖。（图 25）

（4）上动不停，身体右转，右腿直立支撑；左脚迅速屈膝收于右膝后；右手握剑继续向下、向前、向右划弧；左剑指屈肘附于右肩前；目视剑尖。（图 26）

图 23

图 24

图 25

图 26

要点：撩剑时剑柄领先，剑贴身走立圆；肩放松。

12. 弓步下劈剑

身体右转，右腿屈膝，左脚向左后方落步，成右弓步；右手握剑向右、向下划弧，然后直臂劈出，左剑指向下、向左、向上划弧，并抖腕亮于左肩上方，目视剑尖前方。(图 27)

图 27

要点：劈剑和落步同时完成；劈剑时小臂用力；上体向劈剑

方向探出。

13. 回身弓步刺剑

（1）右脚内扣，左脚外展，向左转身，成马裆步；右手握剑屈肘扣腕将剑尖划弧转向收至右髋侧，剑身平；左剑指直臂下落至平举；目视剑指方。（图 28）

（2）右腿迅速伸直成左弓步，同时右手握剑向前用力刺出，臂伸直，剑柄贴紧前臂内侧；左剑指屈肘附于右肘内侧；目视前方。（图 29）

图 28

图 29

要点：刺剑时注意拧腰、合髋动作；松肩，沉肘。

14. 提膝架剑

（1）重心右移，左腿伸直，身体右转；右手握剑臂内旋微屈肘向上将剑横架于头部上方；左剑指屈肘收至右肩前；目平视左方。（图 30 及图 30 反面）

（2）右腿直立支撑；左腿屈膝向上提起，脚面绷平；左剑指向左侧直臂指出，手心向前，手指向上；目视左剑指前方。（图 31）

图 30

图 30 反面

图 31

要点：提膝和左剑指动作要同时完成，动作要干脆；架剑时剑身要平。

15. 左右挂剑

（1）左脚向前落步，脚尖外撇，腿微屈；身体左转，右腿微屈，前脚掌着地；右手握剑随向左转体向前、向下沿身体左侧向后挂出；左剑指附于右腕内侧；目视剑身。(图 32)

（2）上动不停，右手握剑继续向后、向上、向前挂出，臂外

旋；左剑指附于右肘内侧；同时右脚向前上步，腿微屈；目视剑尖。(图 33)

(3) 上动不停，上体右转，右手握剑向下、经右侧向后挂出；左剑指直臂向前穿出，手心向上；右脚尖外撇；左脚向前跟步，双腿微屈，目视剑身。(图 34)

图 32

图 33

图 34

要点：挂剑时注意手腕扣紧，剑尖领先，剑要贴身走立圆。

16. 歇步下劈剑

左脚向左侧迈步，紧接着右脚向左脚后方落步，双腿屈膝成歇步；右手外旋握剑向上、向左、向下劈出，横至左腿前面，剑尖高于剑柄；左剑指屈肘附于剑柄内侧；目视剑尖。（图 35 及图 35 反面）

图 35

图 35 反面

要点：歇步注意挺胸、塌腰、双腿贴紧，上体稍向左拧转；右脚跟提起臀部坐在右脚跟上；劈剑时力达剑身。

17. 丁步下点剑

（1）以双脚前脚掌为轴，身体右转 180 度，然后右脚向右前方上步，左腿伸直成右弓步；右手握剑手心向下随体转向前、向右下划弧；左剑指屈肘附于右肘内侧；目视剑尖。（图 36）

（2）重心后移，右腿伸直，左腿屈膝，上体向左侧倾倒；右手握剑扣腕将剑收于头部上方；左剑指屈肘附于右肩前；头微抬起，目视剑尖。（图 37）

（3）左脚向右脚内侧迅速并拢，脚尖点地，右腿半蹲成丁步；右手握剑直臂向右斜前下方点出，剑尖低于剑柄；左剑指向下向右划弧，然后抖腕亮指于左肩上方；目视剑尖。（图 38）

图 36

图 37

图 38

要点：丁步和点剑用时完成；点剑时手腕用力，动作要干脆；上体向前探出。

18. 弓步刺剑

(1) 左脚向左侧出步，身体左转，脚尖向前，双腿屈膝成马裆步；右手握剑扣腕将剑调头收于体右侧；左剑指经体前向下、向侧直臂划弧平举，手指向前；目视剑指方向。(图 39)

(2) 左腿屈膝，右腿伸直成左弓步；右手握剑向前用力刺出，臂伸直；左剑指向上划弧，亮指于左肩上方；目视前方。(图 40)

图 39

图 40

要点：刺剑注意拧腰、合髋动作；右肩前顺，左肩后引。

19. 转身云剑

（1）左脚向右脚后方落步，前脚掌着地，成交叉步，双腿微屈；右手握剑手心向下，屈肘将剑收至胸前；左剑指手心向上屈肘收至剑柄下面，准备接剑；目视左前方。(图 41)

（2）左手接剑手心向上向头部左上方伸出；右手成剑指收于右腰侧，手心向上。目视左手。(图 42)

（3）上动不停，以两脚前脚掌为轴，身体向左转体 360 度，同时左手托剑在头顶向左后旋转一周云剑；右剑指屈肘收于腰间，手心向上；目视前方。(图 43)

图 41

图 42

图 43

要点：云剑时手腕放松，尽力后屈使剑水平运转；转身云剑动作要快，注意肩放松。

20. 高虚步背剑按指

（1）右脚向右前方上步，腿微屈，左腿伸直成右弓步，左手持剑，剑尖向下划弧，剑脊贴紧左臂；右剑指向右斜上方直臂伸出；目视右剑指。（图 44）

（2）上动不停，左手持剑屈肘收至体后，手背贴后腰，剑脊贴于左肩后使剑身斜向伸出；右剑指向上、向左划弧，然后屈肘按指于左肩前；同时右腿直立支撑；左脚向右脚前方弹出，脚尖点地成高虚步；目平视左前方。（图 45）

图 44

图 45

要点：挺胸、立腰、松肩，上体微左转；双脚注意左虚右实。

收势：并步持剑站立。左脚踏实右脚向前与左脚并拢，左手反握剑柄放至体侧；右手自然放至体侧，五指并拢，目平视前方。(图 46)

图 46

少年棍术

棍的基本知识

1. 棍的部位名称。（见下图）

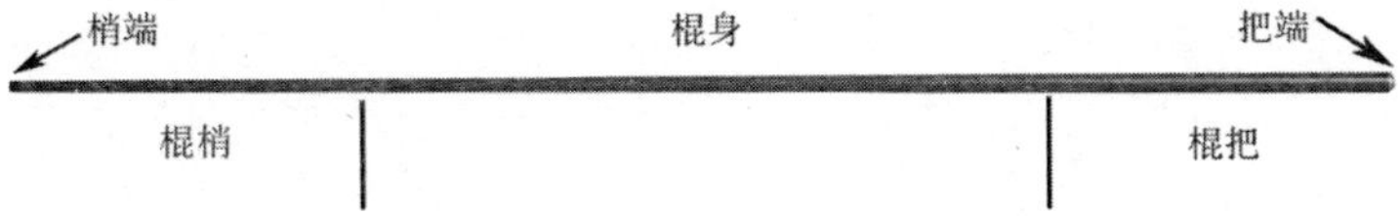

棍

2. 棍的规格标准。

（1）棍长：高于本人身高 10-20 公分，最短不要低于本人的眉毛高度（俗称“齐眉棍”）。

（2）棍由白蜡木杆制成（其他木或竹均可），无重量规定。棍把略粗于棍梢。

3. 棍的基本握法。

（1）单手握：单手握住棍的任何一段。

（2）顺握：两手虎口同向握棍。

（3）对握：两手虎口相对握棍。

少年棍术动作名称

预备式：直立举棍

1. 弓步劈棍
2. 弓步架棍
3. 弓步下劈
4. 弓步戳棍
5. 弓步高劈棍
6. 跳挂低劈棍
7. 转身扫踢
8. 弓步劈棍
9. 舞花截棍
10. 马步横击
11. 盖步下拨
12. 转身云棍横击

还原势

一、动作说明

预备式：直立举棍。

（1）两脚并步站立，右手持棍，虎口向前，使棍垂直地面并贴近身体右侧，左手自然下垂。眼向前看。(图 1)

（2）右手提棍上举伸直，左手随即握棍把段，使棍直立于身体之右侧，头向左转，眼看左前方。(图 2)

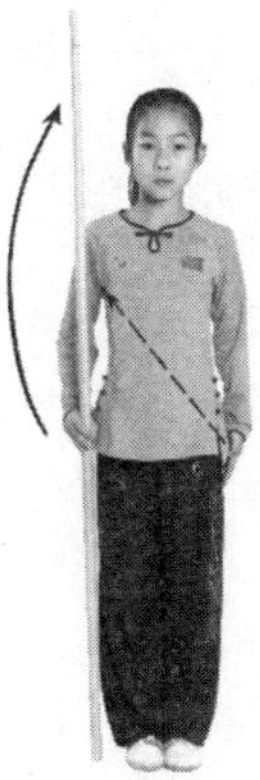

图 1

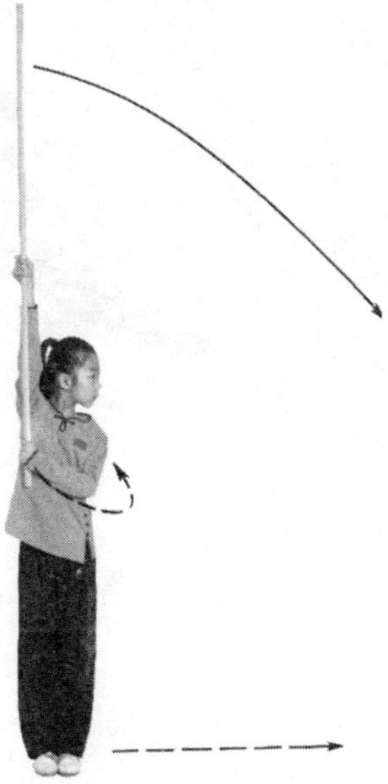

图 2

要点：右手持棍上举要轻快、直立时两脚并拢、挺胸、直背。

1. 弓步劈棍

左脚向左跨一步向左转体 90 度成左弓步；同时两手使棍随转体由上向前下劈，棍梢略高于肩，左手握棍把紧贴左腰侧。眼看棍梢。(图 3)

要点：左腿上步着地后再劈棍，劈棍时左手把贴腰和右手下压协调用力，右肩前顺。

图 3

2. **弓步架棍**

（1）右脚上步，同时左手前上推，右手屈肘后引使棍梢向右上方拨带。(图 4)

（2）上动不停，两手向前上架棍，同时屈右膝成右弓步。眼看前方。(图 5)

图 4

图 5

要点：上步与拨棍同时，架棍和右弓步同时完成。

3. **弓步下劈**

右手屈臂后拉，使棍梢向下，经右膝外侧向后、向上、向前

划圆下劈；同时左手向右、向下屈臂握棍把段置于右腋下。眼看棍梢。(图 6)

图 6

要点：右手下劈和左棍把至右腋下动作同时用力，棍把可击打右腋使棍梢有力。

4. 弓步戳棍

右手使棍梢向上、向后绕环，并向棍梢段滑握置于体后下方，左手向下压把屈臂前移；左脚随即向左前跨步成左弓步，同时左手伸直使棍把向左前上方戳出，右手屈臂抱棍于腰侧，手心向上。眼看棍把。(图 7)

图 7

要点：戳棍动作要与左弓步同时完成。

5. 弓步高劈棍

左手活把前滑屈臂后向下收回，使棍把由左前上方下落至左腰侧，右手活把略向左手方向滑握，使棍梢由右下向上、向前上方劈出，棍梢与头顶同高。眼看棍梢。(图 8)

要点：劈棍与收把协调用力，向左拧腰合胯，使右肩前顺左肩后引而助发力。

图 8

6. 跳步挂劈

（1）重心前移，左脚蹬地跳起，右脚向前跨一步，左腿屈膝前提于右腿内侧，两手使棍梢向右上挂，右手使棍击碰自己右肩，眼看前方。(图 9)

（2）上动不停，左脚向前落步成左弓步，同时两手向前下劈棍，使棍梢着地，左手把击碰自己左腰侧。眼看棍梢。(图 10)

图 9

图 10

要点：前跳动作要轻巧，挂劈动作要连贯，挂棍时，右手使棍击碰自己右肩和劈棍时左手把碰击左腰侧，均为增加棍梢端的打击力度。

7. 转身扫踢

（1）左腿伸直，左脚尖里扣，右脚尖外展向右后转体 180 度，同时两手使棍梢端顶头着地向右后扫棍一周。眼看棍梢。（图 11）

（2）棍稍顶端在体后触地支撑，左腿向前弹踢。眼看前方。（图 12）

图 11

图 12

要点：转身扫棍的动作要自然连贯，弹踢力达脚面，弹踢时可用棍梢撑地。

8. 弓步劈棍

左脚向前落步成左弓步，两手使棍梢由后经上向前下劈，棍梢略高于肩。眼看棍梢。(图 13)

图 13

9. 舞花截棍

（1）左腿伸直起立，向右拧身转体约 90 度，同时右手向右下压，左手向右上推，使棍把向上，棍梢向下直立于体前。眼看左手。(图 14)

（2）上动不停，左手使棍把由上向下经右膝前向后绕环并收至右腋后；右手使棍梢由下向后向上、向前左下绕环至左膝外侧，同时左腿屈膝上提，并随棍梢的转动向左后拧身转体。眼随视棍梢。(图 15)

（3）上动不停，右手使棍梢由左下沿身体左侧向后、向上、向前下方绕环，左手顺势与右手向左后平拉，同时左脚跺地震脚，右腿屈膝上提。眼看棍梢。(图 16)

（4）上动不停，右脚向前落步成右弓步，同时两手使棍梢向前戳出。眼看棍梢。（图 17）

图 14

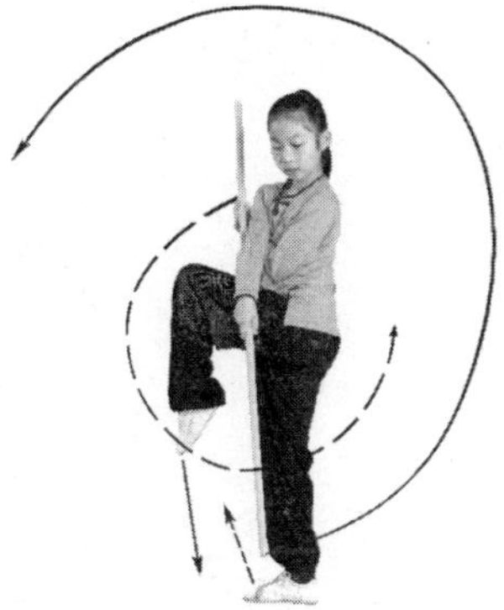

图 15

图 16

图 17

要点：舞花的动作要连贯不停地在身体两侧各划一立圆，舞花时上体要随棍梢的动作转动。舞花结束后两手后拉与震脚，戳棍与落步要同时完成。

10. **马步横击**

左手向后平拉棍把，右手活把滑握棍的梢段，左脚随即前上一步向右转体 180 度成马步，同时左手随转体活把向中段滑握并以把段横击。眼看左方。(图 18)

图 18

要点：左手滑把与转体横击的动作要同时进行，握棍梢的右手用腕部碰击腹部，可增加左手把端的打击力度。

11. **盖步下拨**

两腿伸直，右手向右平拉，左手活把滑握把段，右脚向左脚的左前方跨一步，右腿稍屈，脚尖外展，上体前倾向右后拧转，左脚跟提起，左膝自然挺直，两腿交叉成盖步；同时右手活把滑握中段，并使棍梢由后向上、向前、向右后下方拨棍；左手收至右腋，使棍把段在背后斜贴于左肩处，并随即脱握向头左前上方举起，掌心向前，指尖向右。头向右后转，目视棍梢。(图 19)

图 19

要点：拨棍动作要沿身体右侧连续进行，并与盖步及左手上举的动作同时完成协调一致。

12. **转身云棍横击**

（1）右手使棍梢由后右下经右膝前向左上摆起，同时左手下落在右腋前下方手心向上接握棍的把段。眼看棍梢。（图 20）

（2）上动不停，两手使棍梢由左下方向上举起经头上方向左后摆动半圈后下降；左手把相应由右腋下向右向前举起后下降，使棍身置于右侧肩部，棍稍向后。眼看前方。（图 21）

（3）上动不停，右脚尖里扣，左脚尖外展，上体向左后转 180 度成左弓步，两手随转体动作向左斜上方横击，眼看棍梢。（图 22）

图 20

图 21

图 22

要点：云棍至转身击打动作要连贯不停，并与转体动作协调一致。转体角度要准确，动作要协调、平稳。横击时将左手把碰击自己腰部，以增加棍梢打击力度。

还原势：并步收棍。

（1）向右转体 90 度，左脚蹬地向右脚并拢，两手随转体并步的动作向右肩上方举棍，使棍直立于身体之右肩上方。头向左转，目视左方。(图 23)

（2）两手将棍下落，右手持棍垂直立于身体右侧，左手松开下垂于体左侧。头向右转，眼看前方。(图 24)

图 23

图 24

捕俘拳（军训教材）

一、动作名称

预备式

1. 震脚弓步架冲拳
2. 挂腿弓步按掌
3. 弓步上架搂手弹踢
4. 弓步砸拳
5. 勾打提膝上架
6. 踩脚侧蹬
7. 搂手下踹
8. 弓步横打
9. 插掌膝打
10. 弓步架勾拳
11. 缠拿切掌
12. 弓步压肘

二、动作说明

预备式：并步直立（图 1），两臂同时握拳内旋略提肘，向左甩头平视。(图 2)

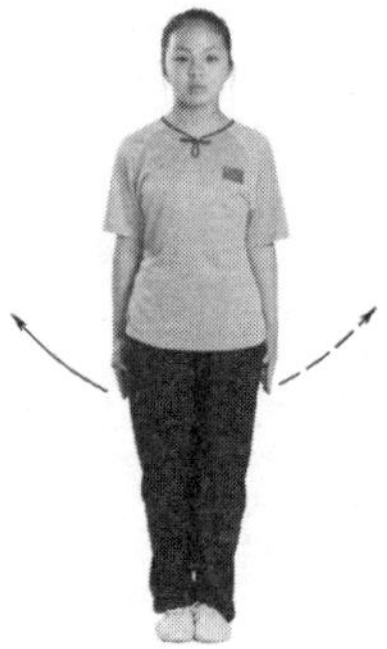

图 1

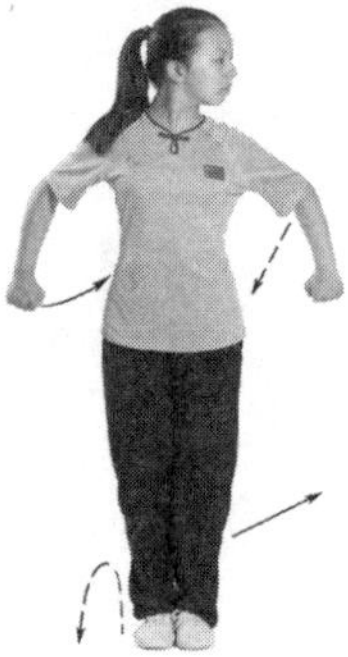

图 2

1. **震脚弓步架冲拳**

（1）两腿屈膝，重心稍下降，同时提右脚随即下跺震脚，保持右膝稍屈；右拳抱于腰间拳心向上，左臂外旋拳心向上，屈肘横于腰前，眼看前方。(图 3)

（2）左腿向左开步脚尖稍内扣成半马步；右腿向后蹬地身体左转成左弓步，同时左肘内旋上架于头前上方，拳心斜向上，右拳向前冲出，拳心向下，眼看前方。(图 4)

图 3

图 4

要点：

（1）震脚时全脚掌着地才能震响，保持右膝略弯曲。

（2）左臂上架、右冲拳和弓步要同时完成，注意利用右腿后蹬地面和向左拧腰合髋的爆发力。

技击含义：

当对方向我正面攻击或从上面劈、砸时，左臂上架格开对方攻击，同时冲右拳打击对方。

2. **挂腿弓步按掌**

（1）左腿稍站起，右腿直腿前伸，脚跟着地，上体稍后仰；同时左拳成掌落于右肩，拇指向下，四指向上，虎口贴右肩处，右拳收抱右腰侧，重心稍后移，眼看前方。(图5)

（2）上动不停，右脚跟用力直腿后挂，脚底轻擦地面，成左弓步；同时左手抓握成拳外旋收抱于左腰侧，右拳成掌向前下方猛力按出，掌心向下，掌指向斜上，眼看右掌。(图6)

图5

图6

要点：

（1）左腿始终稍屈，支撑身体，控制重心。

（2）向后挂腿前重心略向后倒，挂腿时重心前移下压和按掌同时进行，并要有爆发力。

技击含义：

右腿前伸到对方右脚外侧，用脚跟抵住对方右脚跟，左手抓住对方打来的右手或袖子；右腿后挂，左手拉向左腰侧，右掌向前下推击对方胸、颈，使对方仰面栽倒。

3. 弓步上架搂手弹踢

（1）右脚向前上步成右弓步，左拳成掌和右掌在体前交叉同时向上内旋架起至头前上方，两手心翻向斜上方，眼看前方。（图7）

（2）两手同时向体两侧后下方搂手成反勾手，同时重心前移至右腿，左腿随即向前弹踢出，脚面向上，眼看左脚面。（图8）

图7

图8

要点：

向后下方搂手和弹踢要同时完成，要有爆发力。

技击含义：

（1）两手交叉上架防住对方的正面攻击或从上向下的劈、砸动作。

（2）架住后，两手将对方的拳、掌或棍棒搂向侧下方使之落空，然后乘势用左腿弹击对方腹、裆或腿部。

4. 弓步砸拳

两勾手变拳，左拳自左向上举起至头前上方，随即用拳小指侧向左脚处下砸，左脚同时踏地成左弓步，右臂内旋反臂向后平举，拳心向下，眼看左拳。（图 9）

图 9

要点：向下砸拳时要同时前移重心，左脚用力下踏。

技击含义：

当对方抓住我所弹出之左脚时，重心迅速前移并用力踩踏左脚，左拳同时猛砸对方两臂，迫使对方脱手。

5. 勾打提膝上架

（1）右臂由后向下、向前、向上打勾拳。（图 10）

（2）勾拳打至头上方时，急内旋小臂，使右拳心向上，架于右肩上方；右腿同时提膝勾脚；左拳抱于左腰侧，眼看左方。（图 11）

图 10

图 11

要点：

（1）勾打动作要紧接前一个砸拳动作。

（2）勾打要有力，上架和提膝同时完成。

（3）完成动作时身体左侧向对方。

技击含义：

当上动砸拳将对方双手砸开时，立即向对方的头、腹或裆部打出勾拳；如对方双手脱开后，立即打击我头部，我之勾拳已内旋变成上架之拳，防开对方打击。

6. 踩脚侧蹬

（1）上肢不动，右脚勾起，用脚内侧向左脚外侧踩下着地，屈膝稍蹲。(图 12)

（2）左脚迅速提膝内旋，用左脚外侧或脚跟向左侧蹬出，眼看左方。(图 13)

图 12

图 13

要点：

右脚向下踩后，动作不停，左脚立即蹬出。

技击含义：

右脚下踩对方膝盖、小腿胫骨或脚面，如对方撤腿后退，立即起左脚侧蹬，打击对方膝、腰、胯等部位，使对方失重心而倒。

7. 搂手下踹

（1）左脚落地，重心前移，身体稍左转向正面，两手伸向体前，左手稍前手心向上，右手稍后手心向下，同时经体右侧向身后抓搂；

（2）同时右膝提起，右脚外展，用右脚跟或内侧向前下方猛踹，眼看右脚。（图 14、15）

图 14

图 15

要点：

向右后方抓搂和前下踹腿动作同时进行，踹腿同时要收右髋以稳重心，上体稍右转。

技击含义：

两手抓住对方任意一臂，猛向右后拉，对方必向前上步，即用右脚内侧踹对方膝、小腿或踝部，使对方摔倒。

8. 弓步横打

右脚向前落地，两手同时成拳，左小臂立起拳心向里并内旋向左格挡，收于左腰侧；同时右臂稍屈，拳心向下，自右向前向左水平挥拳横打，停于胸前，向左转体成左弓步，眼看右方。(图 16、17)

图 16

图 17

要点：

右脚着地后，要用腰胯和向左转体的爆发力将拳打出。

技击含义：

左手向左格挡对方迎面攻击，右拳随即横向打击对方头部，如腮部、太阳穴等。

9. 插掌膝打

（1）重心移至右腿，身体稍向左转成半马步；右拳收抱于腰间，拳心向上；左手同时成掌从腰间向上、向右、向下划一小圈，掌心向下横掌于体前，高与胸平，眼看左手。（图 18）

（2）右拳自右腰侧经左掌背上面向前插掌或直抓，左掌立即收至右腋下，手背贴腋，眼看前方。（图 19）

（3）右手向体右侧后方抓握下拉，拳心向下；同时右膝向上提起，膝高于腰，左脚跟可离地；左手经左前向上成拳摆起至头左前上方，拳心斜向上方，眼看右下方。（图 20）

图 18

图 19

图 20

图 20（反）

要点：

右手向前抓握后立即提膝；提膝和右手后拉动作同时完成。

技击含义：

左手划一小圈将对方打来之拳按住，并向右后方引；同时右手指直插或抓扣对方眼睛，也可用掌跟打击对方面部或下颚，对方必后仰并向前挺腹，随即用右膝猛顶对方下腹或裆部；或抓住对方头发，将对方头部向下拉，同时用右膝顶击对方面部。

10. 弓步架勾拳

（1）右脚向前落地，左脚向前上步，同时左拳外旋向下横压于腹前，拳心向上。(图 21)

（2）左臂内旋向左斜上方架起，拳心向斜上方，同时右拳经右腰侧向前向上勾打，拳心向里，此时右腿蹬直成左弓步，眼看前方。(图 22)

图 21

图 22

要点：

左拳上架要内旋小臂；勾拳时要利用蹬腿拧腰的力量。

技击含义：

左拳上架格防对方打来之拳；右勾拳打击对方胸腹或下颚。

11. 缠拿切掌

（1）上动右手内旋手背向上，左手拍抓右手腕，右拳成掌上翘，向外缠腕后用手指向下扣压；随即两手同时下压于小腹下，右掌心向下，重心右移成右侧弓步，左手随右手紧压右手腕。（图 23、24）

（2）右掌心外旋向上，向前伸出，左掌俯置于右前臂，同时重心前移成左弓步。（图 25）

（3）左掌心向下，向前切掌，右掌握拳收抱于右腰侧，同时重心后移，右腿下蹲成左仆步，眼看左掌。（图 26）

图 23

图 24

（反面）

图 25

图 26

要点：

缠拿动作要快；左掌切掌时，右手有抓握后拉动作。

技击含义：

当我右手腕被对方右手抓握时，我即用缠拿动作扣押手腕擒住对方；如没拿住，即伸右手抓握对方裆部或用左手切击对方。

12. 弓步压肘

（1）身体右转成右弓步，右拳上架于头右上方，拳心向右前上方；左掌成拳向前勾打。(图 27)

（2）左脚向前上一大步成左弓步，身体再向右转体，左拳向左前方伸出，右手五指抓握左手背。(图 28)

（3）左脚蹬地，身体向右转成右弓步，同时左小臂向上立起并稍外旋，两手同时经面前向右向下，用左肘下压到右膝盖处，眼看左肘。(图 29)

图 27

图 28

图 29

图 29（反）

要点：

成右弓步时要用转腰合髋力量，经面前时要立左肘。

技击含义：

右拳上架往对方来拳，左勾拳打击对方胸腹；当对方右手夹我脖子时，用我之左小臂立起压紧对方肘部，使对方无法屈肘，然后右手握住左手，两手合力转体用我左小臂猛压对方肘部，将对方压倒或肘部骨折而就擒。

收势：

左臂向上、向右、向下划圆，同时右腿直立，左脚并到右脚，两手下垂成并步站立姿势。(图 30)

图 30

初级长拳

这套初级长拳是原北京业余体校武术班教练创编后作为武术班的基础训练套路。1972 年，武术班首次到日本访问，该拳作为集体表演项目之一，反映十分热烈。1974 年《新体育》杂志第 8、9 期刊出。后来也被编进了大学体育系教材，为照顾初学者的需要，记者要求将原有动作删减缩编，笔者就将原有的 4 段，删去 2、3 两段，将第 1、4 段连结起来于 1982 年《武术健身》杂志第二期刊出。现再将原有 4 段动作重新恢复，并将原有“动作说明”进行适当修改，推荐给中小学生练习。

一、动作名称

起势：并步抱拳

第一段

1. 弓步冲拳
2. 蹬腿冲拳
3. 顺弓步冲拳
4. 并步砸拳
5. 跳转马步架冲拳
6. 上步弓步推掌
7. 弓步双摆掌
8. 仆步搂手弓步撩掌
9. 斜拍脚
10. 顺弓步架推掌

第二段

11. 转身盖掌弓步冲拳
15. 右击拍脚

12. 提膝推掌
13. 大跃仆步
14. 弓步连环冲拳
16. 弓步顶肘
17. 转身弓步撩掌
18. 高虚步亮掌

第三段

19. 弓步架冲拳
20. 提膝挑掌
21. 击步腾空飞脚
22. 仆步穿手亮掌

第四段

23. 弓步按掌
24. 丁步按掌
25. 上步里合腿
26. 弓步勾手推掌
27. 转身左拍脚
28. 右拍脚
29. 腾空飞脚
30. 顺弓步架冲拳
31. 转身歇步推掌
32. 退步仆步抡拍
33. 弓步上冲拳
34. 提膝上架
35. 并步砸拳
36. 虚步架栽拳

收势

37. 并步按掌
38. 还原并步站立

二、动作说明

预备势：

(1) 并步直立，眼看前方。(图 1)

(2) 两手抱拳于腰侧，拳心向上，两肘向后，同时向左转头，眼看左方。(图 2)

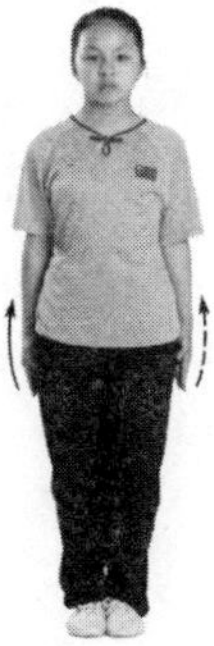

图 1

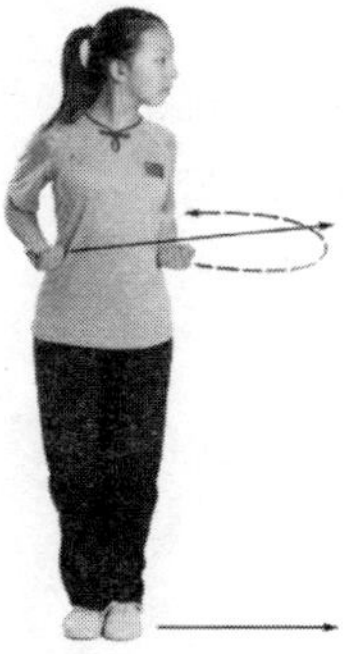

图 2

要点：挺胸，直腰，两拳贴腰侧。

第一段

1. 弓步冲拳

左脚向左上步，同时左拳由腰侧经前向左格挡后收于左腰侧，拳心向上；右腿蹬直左腿屈膝成左弓步，同时右拳由腰侧向左冲出，拳与肩平，拳心向下，眼看冲拳方向。(图 3)

图 3

要点：冲右拳时右肩前顺拧腰，左肩后引，弓步时后腿用力蹬直，脚跟不能离地。此是拗弓步冲拳，即左弓步冲右拳，故左右胯关节要相合。

2. 蹬腿冲拳

左腿站起，右腿提膝勾脚尖向前用力蹬出，腿与腰平，脚尖向上；同时右拳收至腰间，拳心向上；左拳向前冲出，拳心向下，拳与肩平，眼看冲拳方向。(图 4)

图 4

要点：蹬腿力达脚跟，收右髋，顺左肩。

3. 顺弓步冲拳

右脚向前下落屈膝成右弓步；同时左拳收至腰侧，拳心向上，右拳向前冲出，拳心向下，眼看冲拳方向。(图 5)

图 5

图 6

要点：冲右拳时要利用上体左转的力量，右肩前顺左肩后引，此是顺弓步冲拳，即右弓步冲右拳，故胯关节自然而不要相合，否则影响冲拳力度。

4. 并步砸拳

左脚尖略向左转；右腿屈膝提起右脚收至左腿内侧；同时左掌移至左髋侧，手心向下、手指向前，右拳举至头上，拳心向上（图6）；右脚向下震踏并屈膝半蹲，右手同时外旋用拳背向下砸击左掌，左掌外旋使掌心向上，在腹前迎击右拳背作响；眼看右拳。（图7）

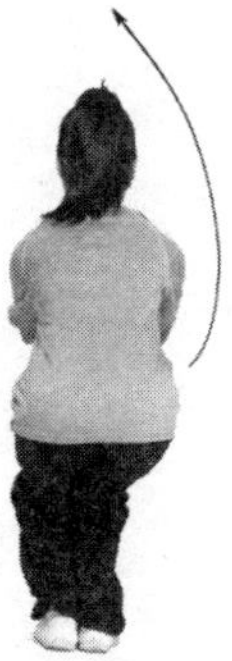

图7

图7（反面）

要点：震脚要全脚掌着地，与砸拳同时作响；并步半蹲要保持挺胸直腰。

5. 跳转马步架冲拳

双腿跳起向右转体，右臂由下向右上架起，左拳抱至腰间，拳心向上（图8）；上动不停，身体右转180度，双脚分开同时落地成马步；同时左拳向左冲出，拳心向下；右臂上架于右肩上方，拳心向上；眼看冲拳方向。（图9）

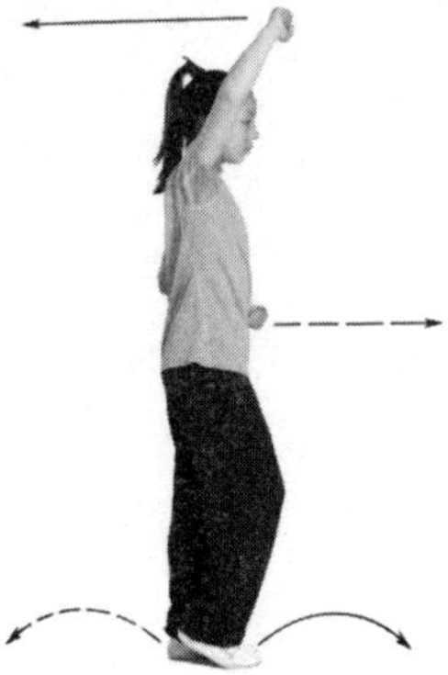

图 8

图 9

要点：落地成马步和冲拳同时完成，马步的两大腿略高于水平，两膝稍内含；上体保持挺胸，塌腰。

6. 上步弓步推掌

左脚尖外展，右腿经左脚前方向左上步成右弓步，身体左转180度；同时左拳收至腰间，拳心向上，右拳变掌由右后经腰侧向前推出；眼看推掌方向。(图10)

图 10

要点：此动作是顺弓步，右肩要前顺，推掌和右脚落步要同时，避免先推掌后落步。

7. 弓步双摆掌

左拳变掌在身前往右伸至右肩处，与右掌同时从右向上、向左弧行绕臂至左侧方成侧立掌，左臂平举，右掌心靠在左肘处，两掌指均向上；在摆掌同时上体左转，双脚向左拧转成左弓步；眼看摆掌方向。（图11）

图11

要点：摆掌时肩要放松，和转体转脚动作同时进行和完成。

8. 仆步搂手弓步撩掌

（1）左腿全蹲，右腿伸直成右仆步，上体随之右转俯身；同时左掌内旋成直臂反臂勾手，勾尖向上略高于肩，右掌同时内旋使掌心向外拇指向下，从体前向右脚面横搂；眼看右掌。（图12）

（2）上动不停，右掌继续搂向身后成直臂反臂勾手，勾尖向上；左勾手变掌，手心向下，从后向下向前直臂撩起，掌心向上高与肩平；同时蹬左腿屈右腿成右弓步；眼看撩掌方向。（图13）

图 12

图 13

要点：仆步时臀部尽量接近全蹲的小腿，由左仆步变成右弓步时，两脚要配合向右碾转并和撩掌协调一致，避免先撩掌后成弓步，上体要挺胸、塌腰。

9. 斜拍脚

重心前移至右腿，左腿脚面绷平向正前上方踢起；同时左掌收于腰间抱拳，拳心向上；右勾手变掌外旋从后向上向前高于头部，掌心向前下击拍左脚面；眼看左脚。(图 14)

图 14

要点：右手击拍左脚面时，手掌稍向左斜，利于击拍准确响亮，保持挺胸直腰。

10. 顺弓步架推掌

左脚向前落步屈膝成左弓步，同时右臂内旋使掌翻转举至右肩上方架起，掌心向上；左拳变掌由腰侧向前推出，掌指向上，眼看推掌方向。(图 15)

图 15

第二段

11. 转身盖掌弓步冲拳

（1）右脚蹬地，屈膝提起，右脚尖勾起外展，同时左腿支撑内旋，身体经右后转，同时右掌变拳收于腰间，左掌从左经上向前直臂下按至体前，掌心朝下，掌指朝右。(图 16）随即向下屈膝震脚，接着左腿向前出步下蹲成半马步；眼看前方。(图 17)

（2）上动不停，右腿蹬直成左弓步；同时右拳向前贴左掌背上面冲出，拳心朝下，左臂屈肘，左掌背收贴于右臂下侧腋窝处，掌心朝下。眼看冲拳方向。(图 18)

图 16

图 17

图 18

要点：转身盖掌要迅速、协调，震脚和半马步形成后立即冲拳；冲拳时两肩要松、沉。

12. 提膝推掌

左脚蹬地屈膝提起，右腿挺直站立；同时右拳收至腰侧，拳心向上，左掌顺右臂下沿向前推出，掌心向前，掌指朝上。眼看推掌方向。(图 19)

图 19

要点：膝盖高提，左肩前顺，肘关节伸过膝盖。

13. 大跃仆步

(1) 左脚向前落步，两腿微屈；左掌向左后下方摆动，右拳变掌随左掌一起摆至左侧后方，两掌心均朝里，指尖向左后下方。眼看右掌。(图 20)

(2) 右腿屈膝向前提起，左腿立即用力蹬地向前跃出；两臂向前向上向后划弧摆动。右手摆至右后高与肩平，左手摆至左肩上。眼看右掌方向。(图 21)

(3) 右腿落地全蹲，左腿随即向前铲出成左仆步，右掌变拳抱于腰侧，左掌由上向右、向下置于右肩前成立掌，掌指向上。

眼看左脚面。(图 22)

图 20

图 21

图 22

要点：借臂上摆之势提摆右腿蹬左腿，仆步时上体保持挺胸立腰，并略向仆直腿方向倾斜。

14. 弓步连环冲拳

（1）上动不停，左掌经左脚面向后弧形搂手至腰侧抱拳，拳心向上，右腿蹬直左膝前弓成左弓步，同时右拳向前冲出，拳心向下。眼看冲拳方向。(图 23)

（2）接着，右拳收回至腰侧，拳心向上，左拳迅速向前冲出，拳心向下；眼看冲拳方向。(图 24)

图 23

图 24

要点：冲拳时用转腰之力，冲左拳时左肩顺出，力达拳面。

15. 右击拍脚

重心前移，左腿站起，右腿前移；左拳变掌举至头前上方，右拳变掌向前向上摆击左掌心。（图 25）随即提右腿并向前上方踢起，脚面绷平高于肩，右掌向下迎击踢起的右脚面，左手经上方摆向左后上方。眼看右脚。（图 26）

图 25

图 26

要点：击拍要准确响亮；上体要挺胸、立腰、稍前倾。

16. 弓步顶肘

（1）上动不停，上体稍左转，同时，右腿下落伸直，左膝微屈成左弓步；两臂随即屈肘下落停于左胸前，右掌变拳，拳心朝

下，左掌贴住右拳面，掌指向上。眼看右拳。(图 27)

（2）接着，右腿向右顶膝，左腿蹬直成右弓步；左掌推右拳，以右肘尖向右顶出，高与肩平。眼看顶肘方向。(图 28)

图 27

图 28

要点：顶肘要借用腰腿之力，保持挺胸立腰，变换弓步时，双脚相应碾转。

17. 转身弓步撩掌

上体左后转，同时两脚以脚跟为轴碾地左转成左弓步；左掌从胸前向下向左前摆，右拳变掌向上、向右绕臂，然后，以掌心为力点经下、向前撩起成仰掌，略低于肩，左掌按拍于右前臂上面击响，掌心向下。眼看右掌。(图 29)

图 29

要点：撩掌要用向左成左弓步时的转身之力。

18. 高虚步亮掌

左腿蹬伸，重心移至右腿上，上体右转，左脚收回至右脚前，脚尖点地成高虚步；右臂经下、向右后绕环，在右肩上方抖腕亮掌，掌心朝前上，掌指朝左；同时，左臂向左平伸抖腕成挑掌，高与肩平。眼随视右掌，在右掌抖腕亮掌同时，向左甩头亮相，眼看左手方向。(图 30)

图 30

要点：高虚步脚尖外侧（即小脚趾一侧）点地，亮掌、挑掌、甩头应同时完成，该动作定势时可略向左转体 15-30 度，挺胸直腰瞪眼，以体现动作的精、气、神。

第三段

19. 弓步架冲拳

（1）右腿屈膝全蹲，左腿向左伸出成仆步；同时右掌变拳下落至腰间抱拳，左掌经上向右绕至右肩前成立掌。眼看左脚。(图 31)

（2）上动不停，右腿用力蹬直，左腿屈膝成左弓步；左掌同

时向前向上在头上架起，掌心向前上；右拳向前冲出，拳心向下。眼看冲拳方向。(图 32)

图 31

图 32

要点：冲拳和左弓步同时完成。

20. **提膝挑掌**：左掌向前向下按在右腕上，右拳同时变掌，屈肘与左掌交叉，眼看两掌。接着，两掌同时向下左前右后分开，两臂左右绕行至与肩平，抖腕成挑掌，掌指朝上；同时左腿用力蹬地并屈膝提起绷脚面，右腿直立支撑；眼随视右掌，在抖腕时向左甩头，眼看左掌前方。(图 33)

图 33

要点：挑掌时要沉肩、沉肘、坐腕，提膝高于腰，上体微前倾。

21. 击步腾空飞脚

（1）左脚向前落步，重心前移，左腿微屈；同时两臂均经上向下在胸前成交叉，右小臂在上；接着左脚蹬地向前跳起，在空中右脚向左脚击碰，两掌经下向左前右后分开；高与肩平。（图34）

（2）右脚落地，左脚向前落步；上体微向后倾，右脚迅速向前跨步，左臂上举，眼看前方。（图35）

（3）上动不停，左脚离地屈膝向前上摆起，右脚蹬地跳起，身体腾空；右掌同时向头前上方摆击左掌心作响，掌心向前。（图36）

（4）在空中，右脚脚面绷平向前上踢起；右掌迅速下落，在肩前迎击踢起的右脚面作响，左臂举向左后上方，眼看右腿方向。（图37）

图34

图35

图 36

图 37

要点：腾空要高，并在最高点完成击响动作。在空中，上体微前倾，左腿提膝收小腿，右脚高于腰。整个动作要连贯、准确、响亮。

22. 仆步穿手亮掌

（1）左脚落地，上体左转，左腿屈膝成左弓步，右脚在右侧落地蹬直，同时左掌变拳收至腰侧，右掌随身体左转从右向左砍掌，掌心朝上。眼看右掌。(图 38)

（2）上动不停，左拳变掌沿右臂上面向左上穿出，掌心朝上，右臂回收在胸前屈肘经下向右绕行；同时左腿蹬直，右腿屈膝成右弓步，上体侧身右倒眼看右掌。(图 39)

（3）上动不停，右腿屈膝全蹲，左腿伸直成左仆步；左掌同时经下向身后直臂内旋反臂屈腕成勾手，勾尖朝上，右掌从下向上绕行，至右上方抖腕亮掌，掌心朝前上方。眼随视右手，在抖腕时向左甩头看左方成亮相。(图 40)

图 38

图 39

图 40

要点：整个穿手亮掌动作要连贯协调，亮掌时挺胸直腰，身体略向左方探出。

第四段

23. 弓步按掌

右腿蹬直，左腿屈膝成左弓步，上体左转，左勾手随转体仍置于身后反勾；同时，右掌下按至左肩前，掌心朝下，掌指朝左，眼看前方。(图 41)

图 41

24. **丁步按掌**

右掌向上向右向下收至右腰侧抱拳，拳心向上；左掌向下向左向上向右按压于右肩前，掌心向下，掌指向右；同时重心移至右腿，左脚收至右脚内侧处脚尖点地，两腿均屈膝下蹲成左丁步；眼看左方。(图 42)

图 42

图 42（反面）

要点：丁步下蹲要挺胸立腰。

25. **上步里合腿**

（1）左脚向左上步脚尖外展，上体左转；左掌从右向左横搂至左前方，高与肩平，眼看左掌。(图 43)

（2）上动不停，重心移至左腿。

（3）右腿从右向上向左里合，脚掌内扣向左高过肩部，左掌

外旋用掌心在额左前方击拍右脚掌作响。(图 44)

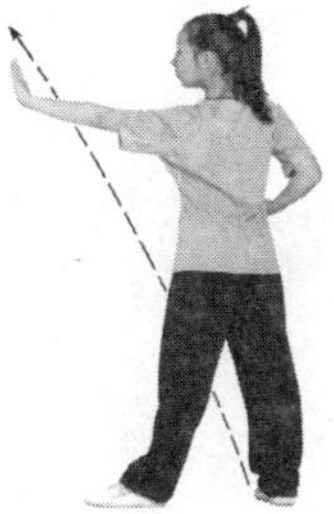

图 43

图 44

要点：里合腿击响要快速、准确、响亮。

26. **弓步勾手推掌**

上动不停，身体随之左转 180 度，右脚向后落实，左腿屈膝成左弓步；左掌从体前向下向后摆至体后成直臂反臂勾手，勾尖向上；右拳变掌向前推出，掌指向上，眼看推掌方向。(图 45)

图 45

要点：成弓步和推掌、勾手动作要协调一致，同时完成。

27. **转身左拍脚**

(1) 右臂向上向后向下抡摆；身体以两脚碾转同时向右后转 180 度。(图 46)

（2）左腿向前上方踢起脚面绷平，左掌变拳收至腰侧，右掌由体后向上向前击响左脚面。(图 47)

图 46

图 47

要点：右掌拍左脚面时手掌稍向左斜，易击响。

28. **右拍脚**

（1）左脚向下落步，左拳变掌由腰间向后、向上举起，掌心向前；右掌变拳收抱于腰间，拳心向上。(图 48)

（2）右腿伸直向前上踢起，脚面绷平，左掌由上向前向下击响右脚面。(图 49)

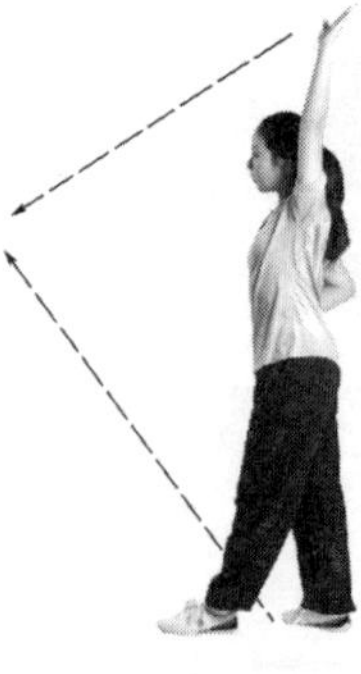

图 48

图 49

要点：左掌拍右脚面时，手掌稍向右斜。

29. 腾空飞脚

（1）右脚向前落地，上体微后倾。（图 50）

（2）左脚向前上摆起，同时右拳变掌也向前向上摆起，以手背和左掌心在额前上方击响。（图 51）

（3）右脚立即蹬地跳起，左腿继续上摆，右腿在空中向上踢起，脚面绷平，右手心击响右脚面，左臂举向左后上方。（图 52）

图 50

图 51

图 52

要点：蹬地要向上，不要前冲；右手背上击左掌心和下拍右脚面两个响声要快速、响亮；击响时左腿屈膝于体前尽量上提。

30. 顺弓步架冲拳

（1）左脚落地，右脚向前上一步；右掌变拳收至腰侧；左掌从后向前向下抡摆至胸前，拇指一侧向上，眼看左掌。(图 53)

（2）右腿屈膝成右弓步；左掌继续上摆至头上方内旋成架掌，掌心向上；同时右拳向前冲出拳心向下；眼看冲拳方向。(图 54)

图 53

图 54

要点：左脚落地时，要稳定重心；冲拳、架拳和右弓步同时完成。

31. 转身歇步推掌

上体左后转；两脚同时向左碾转，左脚向右脚后落步，同时右拳变掌直臂向上向左至胸前屈肘盖掌于胸前，左掌随左后转身收抱于腰侧，拳心向上（图 55）；左拳自腰间向前立掌推出，同时右掌变拳外旋收抱于腰间，拳心向上；两腿立即下蹲成歇步。(图 56)

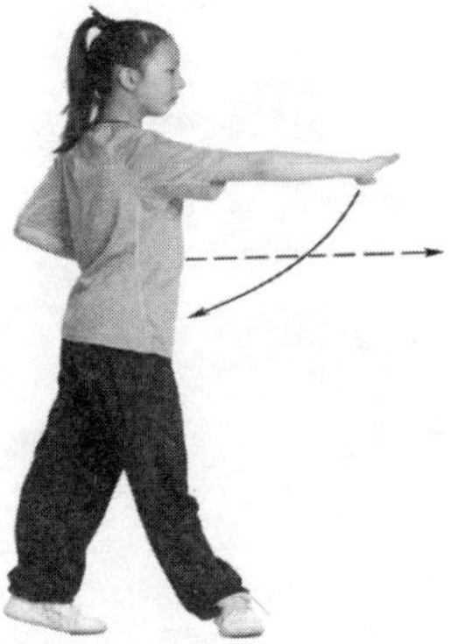

图 55

图 56

要点：歇步要两腿交叉贴紧全蹲，左脚跟提起，臀部坐于左脚跟上，左膝紧贴并向前顶出于右小腿外侧，右脚尖外展（能保持歇步稳定），推掌和歇步同时完成。

32. 退步仆步抡拍

（1）右脚向后退步成左弓步；右拳变掌直臂向下向前抡出，掌指向前，左掌收至右腋下。（图 57）

（2）上动不停，上体右转，两脚同时右转，右腿屈膝，左腿蹬直成右弓步；右臂向上、向右、向下、向后抡劈，左臂向下、向左、随后右转身向上、向下抡臂，眼看左掌方向。（图 58）

（3）上动不停，左腿屈膝全蹲，右腿伸直成右仆步；左臂向下、向后抡臂一圈停在后斜上方，掌心向下；右臂向上、向前、向下共抡臂一圈半击响右脚面或拍地成仆步抡拍，眼看右掌。（图 59）

图 57

图 58

图 59

要点：抡臂要松肩，转腰要快速，仆步与拍脚要同时完成。

33. 弓步上冲拳

（1）左腿蹬直，右膝弓出成右弓步；右掌收至腰侧变拳，拳心向上；左掌从上向右向下盖掌与肩平，掌指向右。

（2）上体右转，左掌屈肘于右肩前，掌指向上，掌心向右，右拳贴身向头上方冲出，拳心向左；眼看左方。（图 60）

图 60

34. **提膝上架**

右腿蹬地提膝，左腿支撑站立；同时右拳向下抡臂，再向上内旋举于右肩上方，拳心向上；左掌屈肘下压位于左胯侧，掌心向下掌指向前，眼看前方。(图 61)

图 61

35. **并步砸拳**

左腿下蹲，右腿顺左腿内侧向下震脚并步半蹲；左掌移腹前

手心向上，右拳由上向下砸拳，手背向下，与左掌心于腹前击响；眼看右拳。(图 62)

图 62

36. 虚步架栽拳

（1）右腿向右横一步，上体向右后转，右拳从前向右后抡臂，左掌变拳从前向上向右屈肘，拳心向里，眼看右拳。(图 63)

（2）重心移至右腿，身体左转，屈膝半蹲；左脚向右上半步以脚尖点地成左虚步；同时右臂向上屈肘架于右肩上方，拳心向上，左拳随之内旋向下屈肘栽于左膝上，拳眼向里；眼看左前方。(图 64)

图 63

图 64

要点：虚步要挺胸、塌腰，左虚右实，虚实要分明。

收势

37. 并步按掌

两臂同时外旋，两拳同时变掌，手心向上置于胸前方，再两掌同时向下向两侧摆臂，再继续向上向里至头前同时内旋使两掌向下按至腹前；同时右腿站直，左脚收向右脚并拢，向左甩头，眼看左方。(图 65)

38. 还原并步站立

脸转向正前方，眼平视前方，两臂直臂下垂，还原成并步站立姿势。(图 66)

图 65

图 66

起步拳

背景说明：20世纪80年代初，一部武打影片“少林寺”（由张鑫炎执导）的放映，立即在全国甚至在国际上掀起了一股武术热，主演李连杰成了国内外特别是青少年武术爱好者崇拜的偶像，希望能学到李连杰的武术，于是他的师父吴彬教练，要求将他儿时训练的第一套少儿初级拳术出版成书。笔者和他回忆起这套少儿拳术，略加整理，由李连杰本人演练，北京电影制片厂拍成分解动作，笔者根据要求写稿，然后在海外出版以满足武术爱好者需求。

（1981年李连杰拳姿）

由于种种原因，加上工作调动，笔者没有收到出版社的书，事隔近40年已无法查找，好在笔者找到了自己在1981年写的纸已发黄的底稿及几张写稿时余下的李连杰动作原照片（如图）。找一位武术班学员代为演练，并将这李连杰的第一套拳术取名“起步拳”，现发表，提供给中小学武术爱好者或在老师带领下共同练习。

动作名称

起势

1. 并步站立
2. 并步抱拳
3. 叉手前插掌
4. 左右双冲拳

第一段

1. 并步砸拳
2. 马步左右双冲拳
3. 弓步冲拳
4. 蹬踢冲拳
5. 顺弓步推掌
6. 震脚弓步推掌
7. 虚步勾手挑掌
8. 仆步穿掌
9. 并步前冲拳
10. 击拍脚
11. 弓步砍掌
12. 仆步亮掌

第二段

13. 歇步冲拳
14. 提膝托掌
15. 仆步搂手弓步冲拳
16. 弹踢冲拳
17. 大跃步托掌
18. 仆步搂手弓步推掌
19. 马步顶肘

第三段

20. 震脚弓步双冲拳
21. 回身弓步双冲拳
22. 抡臂斜拍脚
23. 顺弓步架冲拳
24. 弓步砍掌
25. 退步弓步推掌
26. 仆步抡劈
27. 抡臂砸拳

第四段

28. 提膝挑掌
29. 击步腾空飞脚
30. 右弓步顺冲
31. 左弓步顺冲拳
32. 抡臂勾踢腿
33. 弓步冲拳
34. 马步架冲拳
35. 虚步架栽拳

收势

1. 弓步前插掌
2. 弓步分掌
3. 并步按掌
4. 并步站立

动作说明

起势

1. 并步站立

双足并拢，两手下垂，手掌贴于大腿两侧，挺胸、收腹、立腰，目视前方。(图 1)

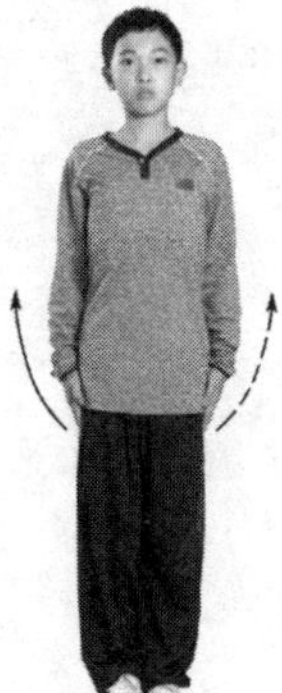

图 1

2. 并步抱拳

两臂屈肘提拳于腰侧，拳心向上，目视前方。(图 2)

图 2

3. **双手前插掌**

两拳变掌内旋下插交叉于腹前，手背向前，左手在外（图3）。两臂内旋上举至头上方，两手心内旋翻向上，继续向两侧弧形下摆至腰间抱拳，手心向上；两掌同时向前穿出，高与肩平，掌心向上，目视前方。(图 4)

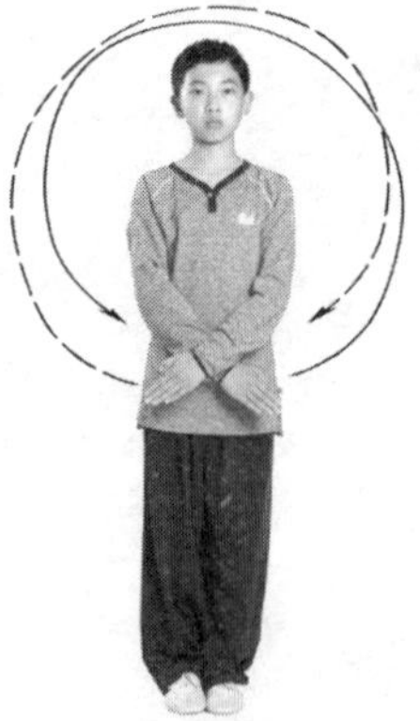

图 3

图 4

4. **左右双冲拳**

两掌变拳收于腰间，拳心向上（图5）。上动不停，两拳同时向两侧内旋冲出，拳心向下，高与肩平，向左甩头目视左方（图6）。

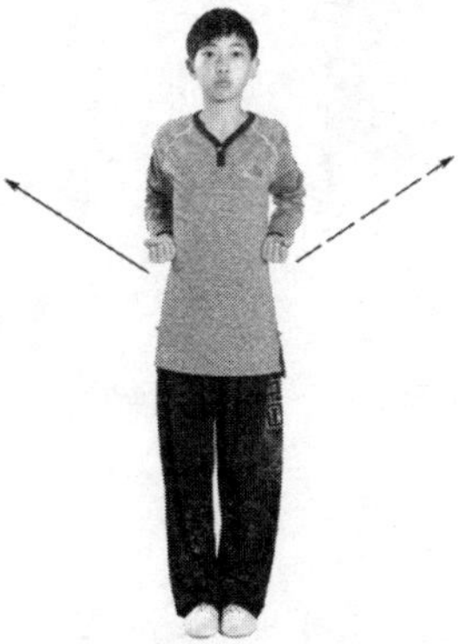

图5

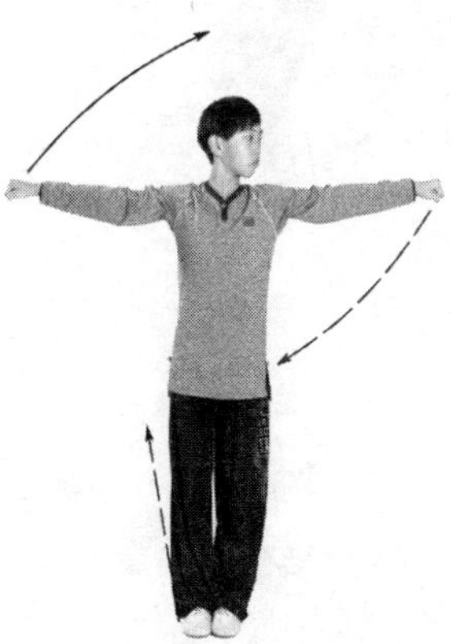

图6

要领：整个起势动作要连贯，保持挺胸、收腹、立腰，沉肩。

第一段

1. **并步砸拳**

右手上举至右肩上方，拳心向斜上，左拳变掌下落到左胯旁，掌心向下，掌指向前；右膝提起，膝高于腰，脚面崩平略内扣（图7）。上动不停，右拳外旋经体前下砸，拳心向上，左拳变掌，掌心向上，置于腹前，迎击右拳下砸作响；右脚同时以脚掌向左脚内侧旁震踏作响，双腿同时屈膝半蹲，目视右拳。（图8）

图 7

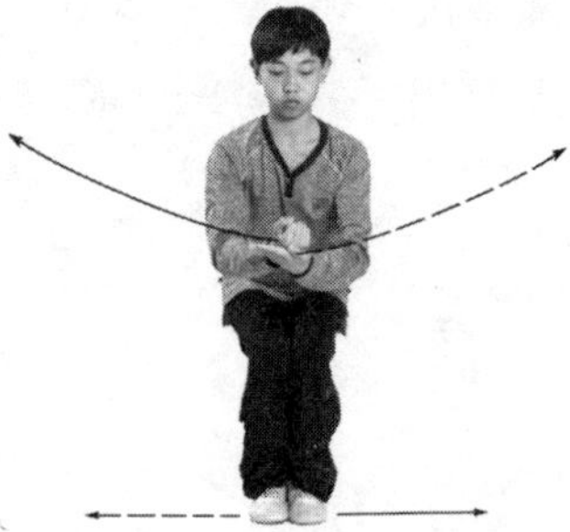

图 8

要领：手脚同时作响，右手上举时提气，下砸震脚时沉气。半蹲定势时保持挺胸、立腰，两肘稍内收。

2. 马步左右双冲拳

两脚同时向左右贴地而出成马步，两拳同时向左右冲出，拳心向下，目视左方。（图 9）

图 9

要领：分腿动作要快、稳，两脚外沿用力撑地，左右冲拳要快而有力，力达拳面。

3. 弓步冲拳

右拳收抱于右腰间，拳心向上。右腿脚尖内旋并挺直，左脚

尖外旋并向左弓膝成左弓步，左脚尖稍内扣，同时右拳向前冲出，拳心向下，左拳收抱于腰间，目视前方。(图 10)

图 10

要领：右拳冲出和左拳收抱同时进行，并和弓步同时完成。腰部向左拧转，左肩后引，右肩松沉前顺，挺胸、立腰、合髋、沉髋。

4. 蹬踢冲拳

重心前移，左腿直立，右腿向前上方勾脚尖蹬出，高与腰齐；同时，左拳向前冲出，拳心向下，右拳收抱于腰间，拳心向上。目视前方。(图 11)

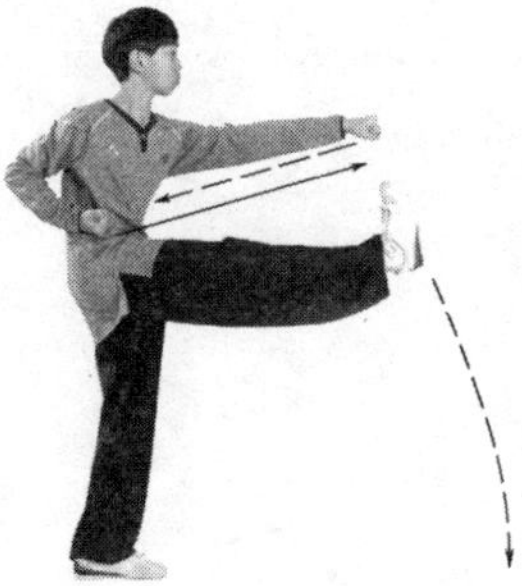

图 11

要领：冲拳和蹬踢同时完成。蹬踢时要收髋，力达脚跟。左肩松沉前顺，右肘后引，保持挺胸立腰。

5. 顺弓步推掌

右脚向前下方落地，屈膝成右弓步，左脚内扣斜向前方。同时左拳收抱于腰间，拳心向上，右拳变掌，自腰向前推出，掌指向上，小指一侧向前。目视推掌方向。(图 12)

图 12

要领：推掌与右弓步同时完成。推掌时，腰部稍顺向推掌方向，右肩松沉前顺，左肩后引，右腕下坐，力达靠小指一侧的掌根。

6. 震脚弓步按推掌

(1) 重心后移，左腿屈膝半蹲，右脚回收半步，以右脚尖内侧虚点地面，右臂内旋，向左下格挡，左拳变掌，插贴于右肘下面，目视右手。(图 13)

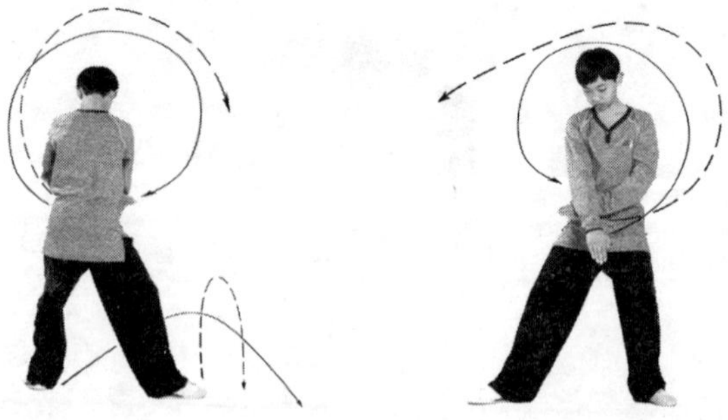

图 13　　反面

（2）上动不停，右手向下、向左、向上、向前、向下划弧一周回收于腰间抱拳，拳心向上，左掌在右掌向上时开始向下、向左后、向上、随右转身向前下划弧按于胸前方，并略屈肘，左掌屈腕使掌心向下，掌指向右；同时右脚提起并向右转身（图 14①）。在左掌按停于前方时右脚稍外旋向下震脚作响并屈膝稍蹲，左腿同时屈膝提起，目视左手方向。（图 14-②）

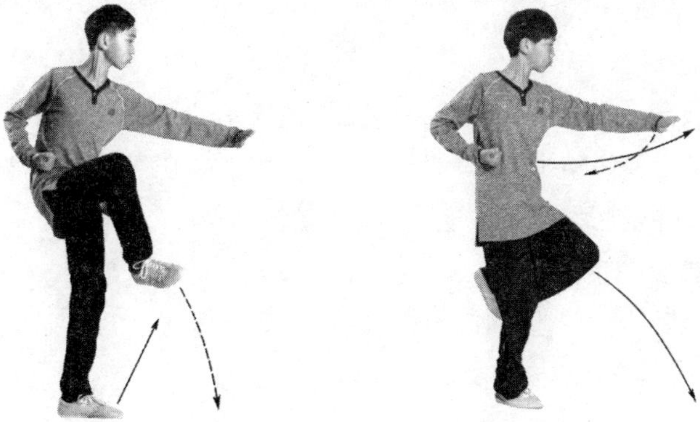

①　　　　②

图 14

（3）上动不停，左脚向前落步屈膝，右腿伸直成左弓步；左掌稍下按，右掌经左掌背上面向前推出伸直，手指向上，高与肩平，小指一侧斜向前，左掌心向下，附贴于右肘下面，目视推掌方向。（图 15）

图 15

要领：先两臂依次绕弧，后震脚，再落步推掌，动作要有次序地连贯完成。整个动作保持挺胸、立腰。震脚要用整个脚掌垂直下踏，并要屈膝沉气，切忌跳起下踏。

7. 虚步勾手挑掌

重心后移，右腿屈膝半蹲，左脚回收小半步，以左脚尖内侧虚点地面，成左虚步。同时，右掌内旋向上、向后屈腕成勾手，高与头平，勾尖向下，左掌同时向下、向前划弧并向上挑掌，高与肩平，掌指向上，小指一侧斜向前。目视挑掌方向。(图 16)

图 16

要点：虚步重心在后，左虚右实分明，保持挺胸立腰。

8. **仆步穿掌**

(1) 身体右转，左脚踏实，伸直左腿，右脚尖碾地使脚尖外展，右腿向右弓出成右弓步。同时左掌向上，经过头上方，随上体右转时向下、向体前下按，高与胸平，掌指向右，掌心向下，头转向右侧，目随左掌，右勾手同时变拳收抱于腰侧，拳心向上。(图 17)

图 17

(2) 上动不停，左手略下按，右拳变掌，经左掌背向前上穿出，掌心向上，高与眼齐。左掌背贴附于右腋下。目视右掌。(图 18)

图 18

(3) 上动不停，向左转体并右腿屈膝沉髋成左仆步；同时右

掌稍微内旋使大拇指一侧向上，左掌随即沿左腿向左脚面斜穿，大拇指一侧向上，头转向左侧，目随左手方向。（图 19）

图 19

要领：以上动作要连贯、协调，仆步要沉髋，两脚全脚掌着地。

9. 并步前冲掌

上动不停，左掌继续前穿向前、向上；左脚碾地，脚尖展开，左膝前弓，右脚脚尖内扣并蹬直成左弓步；同时右掌变拳收抱于腰间，拳心向上；重心前移，右脚提起，并向左脚内侧震脚作响，屈双膝半蹲；同时右拳成立拳向前冲出，拳眼向上，左掌成立掌，掌指向上，掌心贴附于右肩内侧。目视冲拳方向。（图 20）

图 20

要领：由仆步变为弓步时，左膝要随左脚展开时向前弓出，动作才能顺利。并步震脚和前冲拳动作要同时，上体稍前倾。

10. 击拍脚

（1）站起，左脚向前上步；右拳变掌向上、向后、向下抡臂，左掌同时向上举起置于额前，掌心向下。（图 21）

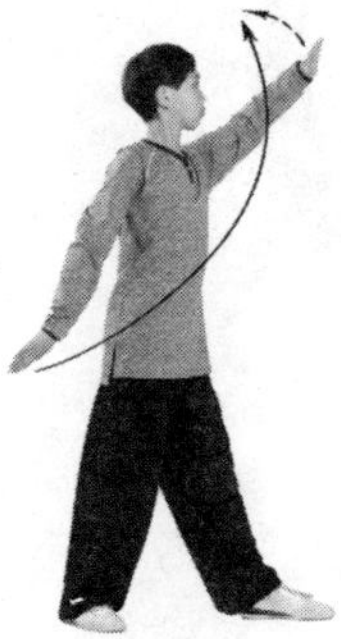

图 21

（2）上动不停，右掌继续向下，经右侧向前、向上，在头上方以掌背与左掌心合击作响，重心前移，右脚跟提起。（图 22）

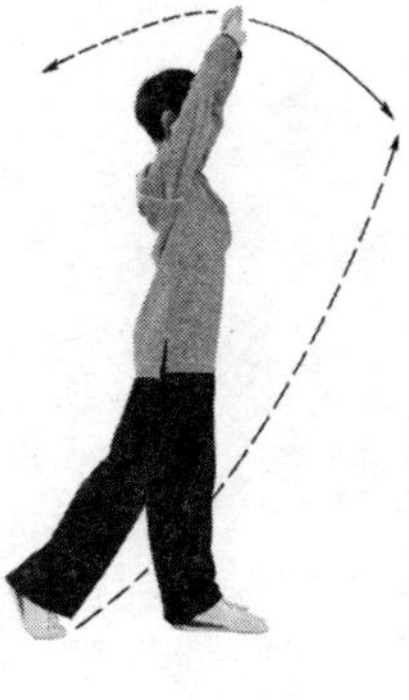

图 22

（3）上动不停，右腿绷脚往高摆踢，右掌向前拍，与右脚面在头前拍响，左掌随即向左后分开，略高于肩，目视右脚。(图 23)

图 23

要领：抡臂时肩部放松，抡成立圆，动作连贯，击拍要快速响亮。

11. 弓步砍掌

上动不停，右脚向前落地内扣，右腿伸直，左脚外展，左腿屈膝，同时向左转体拧身，成左弓步，左掌收至腰侧，掌心向上，右掌迅速向下，向左方平砍，高与肩平，掌心向上，目视右掌方向。(图 24)

图 24

要领：以转腰、拧身带动砍掌动作。右肩前顺，力达小指一侧掌根。

12. 仆步亮掌

（1）左掌自腰间向右掌上面穿出，右掌收回经右腰间向右下方撩出，拇指一侧均向上，随左脚碾地内扣，右脚碾地外展，左腿蹬直，右腿弓出成右弓步，目视右掌。（图 25）

图 25

（2）上动不停，右腿沉髋下蹲，上体向左转成左仆步，同时左掌向身后搂手反臂成勾，勾尖向上，右手同时向头前上方抖腕亮掌，向左甩头，目视左方。（图 26）

图 26

要领：沉髋、转体、勾手、亮掌、转头动作要同时完成，勾手、亮掌必须松肩，保持挺胸立腰。

第二段

13. 歇步冲拳

（1）右腿站立身体右转，右脚经左脚后面向左插步，脚尖着地；同时，右掌变拳收抱于腰间，拳心向上，左勾手变掌自身后向左、向上，经头左上方向头前按下，高与胸齐，目视按掌前方。(图 27)

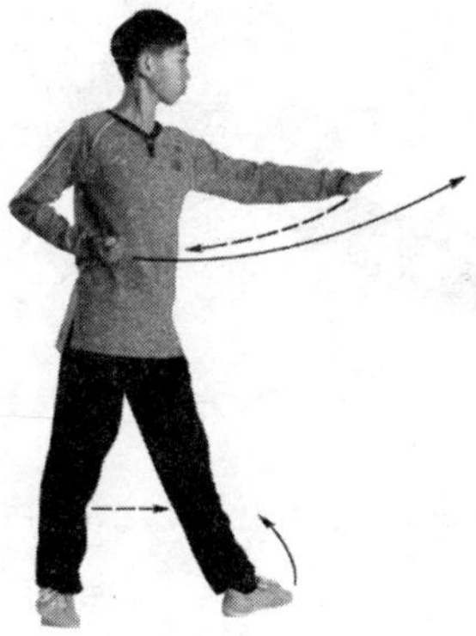

图 27

（2）两腿屈膝下蹲，右脚脚跟离地，右膝贴左小腿外侧向前顶出成左歇步，同时，左掌变拳收抱于腰间，右拳自腰间向前冲出，高与肩平，拳心向下，目视冲拳前方。(图 28)

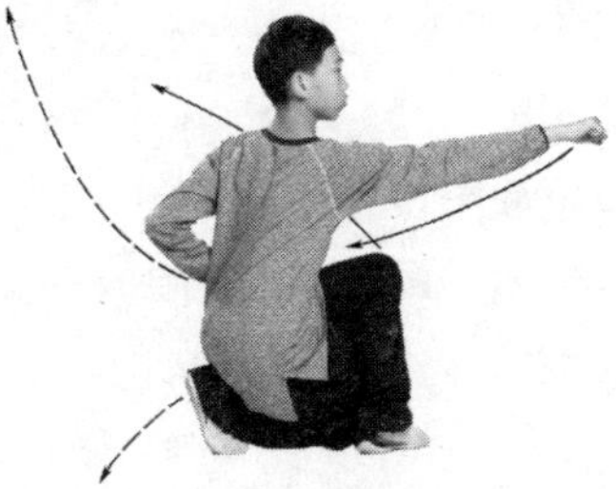

图 28

要领：插步转体和上肢动作同时进行。歇步时左脚尽量外展，以左脚外侧脚掌用力撑地，臀部坐于右脚跟处，上体略向前倾。

14. 提膝托掌

起立，身体左转，右脚跟着地，脚尖内扣。左腿向左上方提起，膝高于腰，左脚面略内扣，身体略左转；同时右拳收抱于腰间，拳心向上，左拳变掌，自腰间向左、向上托起，掌心向上，目视左掌。(图 29)

图 29

要领：向左转体和右脚内扣要协调一致，以保稳定，提膝时要收腹，上体稍向左倾。

15. 仆步搂手弓步冲拳

（1）右腿屈膝全蹲，左腿向左仆出成左仆步，左脚尖内扣；同时左掌经头上方下按于右肩前方，掌指向上，掌心向右。目视左脚。(图 30)

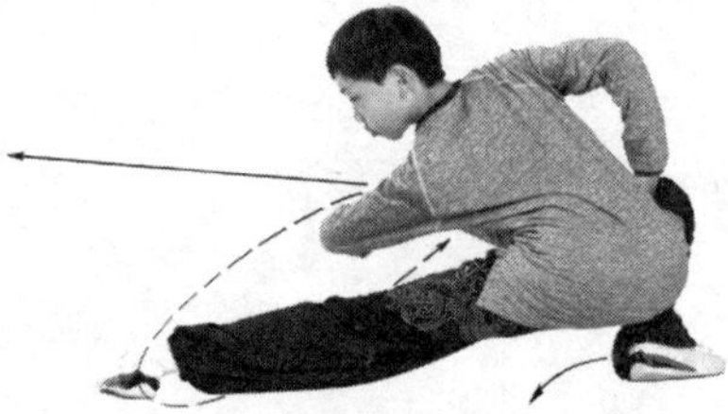

图 30

（2）左掌搂向左脚面，左脚尖向左展开并向前弓膝，右脚碾地内扣，右腿蹬直向左转体成左弓步。同时，左掌变拳收抱于腰间，拳心向上。右拳同时自腰间向前冲出，高与肩平，拳心向下。目视冲拳方向。(图 31)

图 31

要领：左掌搂过左脚面时左脚尖展开，膝开始弓出。冲拳动作要和弓步时蹬右腿动作配合一致，同时完成。

16. 弹踢冲拳

重心前移，左腿直立，右腿向前上方弹出，高与腰齐，脚面绷直；同时，左拳向前冲出，拳心向下，右拳收抱于腰间，拳心向上；目视前方。(图 32)

图 32

要领：冲拳和弹踢同时完成。弹踢时要收髋，力达脚面，左肩松沉前顺，右肘后引，保持挺胸立腰。

17. 大跃步托掌

(1) 右脚向前落步，左膝随即高提；左拳变掌，向下经体左侧向后摆起，掌心向左；右拳变掌，向后、向上、向下摆至左大腿外侧，掌心向左。目视左掌。(图 33)

图 33

（2）左脚向前落步，右脚向前上方摆起，随即左腿向前上方起跳；双掌同时在体左侧向下、向前、向上托起，掌心均向上。左手在前，高与眼齐，右手在上高于头。目视左掌。(图 34)

图 34

要领：起跳与托掌动作同时进行，起跳后双腿依次屈膝上提。

18. **仆步搂手弓步推掌**

(1) 上动下落，右腿先着地屈膝全蹲，左腿向左侧仆出成左仆步；同时，右掌变拳收抱于腰间，拳心向上，左掌向上、向右下落于右肩前，掌指向上，掌心向右，目视左脚。(图 35)

图 35

(2) 上动不停，左手立即向左脚面斜搂，后收抱于腰间，拳心向上，左腿向前弓出，右腿同时蹬直成左弓步。右拳变掌自腰间向前推出，掌指向上，目视右掌。(图 36)

图 36

要领：左掌搂过左脚面时，左脚尖外展，膝向前弓出；推掌和弓步要同时完成。

19. **马步顶肘**

左脚尖内扣，右脚跟内收，右腿屈膝成马步；身体同时向右拧转；右掌变拳，掌心向下，右臂屈肘向右顶出，左勾手变掌，

按于右拳面上，向右甩头；目视顶肘方向。(图 37)

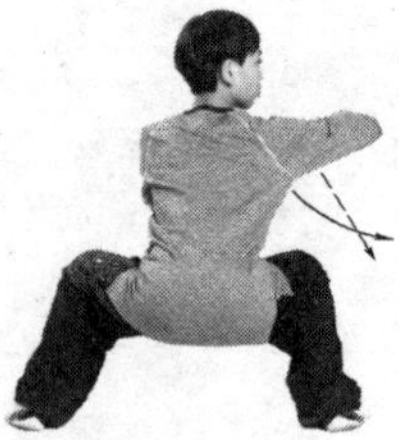

图 37

要领：弓步变马步时，双脚同时碾地；顶肘时要用腰髋的转动力量。

第三段

20. 震脚弓步双冲拳

（1）向右转体，右脚稍回收；右拳变掌，右臂向右下方伸直，掌心向下，左掌贴右小臂上方伸下和右臂交叉，掌心向下。(图 38)

图 38

（2）上动不停，两臂同时向上叉起，略高于头，然后左右掌内旋分别向左右侧摆下至腰间抱拳，拳心向上。同时重心左移，右膝提起，垂直向下屈膝震踏作响，左腿在右震脚的同时提起置

于右膝内侧。(图 39)

图 39

（3）上动不停，左脚向前落步弓膝，右膝蹬直成左弓步；双拳同时从腰间向前冲出，拳心向下，高与肩平，目视冲拳前方。(图 40)

图 40

要领：两拳抱腰与震脚同时完成；双冲拳时要利用右腿蹬直和髋部前送的力量。

21. 回身弓步双冲拳

重心右移，左脚尖碾地内扣，右腿屈膝，右脚尖碾地展开，身体经右向后转 180 度成右弓步；双拳同时回收经过腰部，在转

体时同时向相反方向冲出，拳心向下，高与肩平，目视冲拳方向。(图 41)

图 41

要领：转体时重心要平稳，并注意利用转脚、转髋动作将拳冲出。

22. 抡臂斜拍脚

(1) 右腿直立，右脚向左脚靠拢半步并内扣，左脚尖展开，身体左转；左拳变掌向上，经头上方，随左转体时向左抡至头前上方，右拳变掌后置于体右侧下方，目视前方。(图 42)

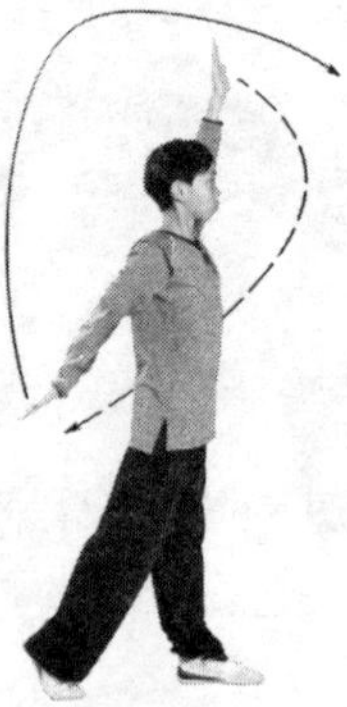

图 42

(2) 上动不停，左掌继续向前、向下经体左侧向后摆，右掌

在体右侧随左转体向上、向前抡至头前上方；身体重心移至左腿，右脚跟提起；目视前方。(图 43)

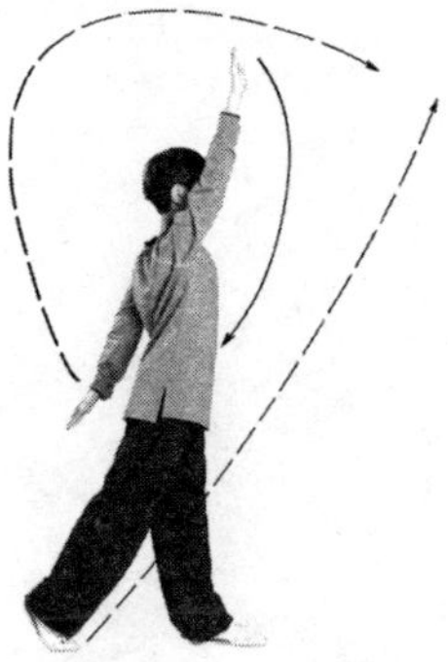

图 43

(3) 上动不停，右掌变拳向下收抱于腰间，左掌向上、向前拍出，掌指向上，掌心向前。右脚同时向上摆起，绷足面在体前方与左掌击拍作响；目视前方。(图 44)

图 44

要领：抡臂动作要连贯，松肩转腰成立圆，击拍要准确、响亮。

23. 顺弓步架冲拳

右脚向前落地屈膝成右弓步；左手同时向上、向左内旋架起至左肩上方；右拳同时从腰间向右冲出，拳心向下，高与肩平，目视冲拳方向。（图 45）

图 45

要领：冲拳、上架和弓右膝动作同时完成；两肩松沉，上体略向右倾斜。

24. 弓步砍掌

重心左移，同时向左转体、拧腰；右脚内扣，右腿伸直，左脚展开，左腿弓出成左弓步；同时，左掌向下收于腰间，掌心向上，右拳变掌，向左横砍，高与肩平，掌心向上；目视右掌方向。（图 46）

图 46

要领：要以转体、拧腰、合髋带动砍掌；右肩顺向砍掌方向。

25. 退步弓步推掌

（1）重心后移，左脚向后擦地退半步屈膝；右掌收抱于腰间，掌心向上，左掌从腰间沿右掌心上方内旋抓出，高与肩平，掌指向上，拇指向下分开。（图 47）

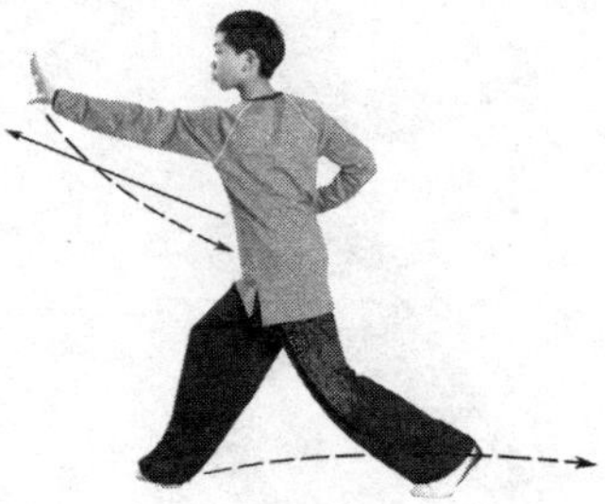

图 47

（2）上动不停，重心继续后移，右腿擦地退步伸直，左腿屈膝成左弓步；同时左掌握拳外旋收于腰间，拳心向上，右掌同时从腰间内旋向前推出，高与肩平，掌指向上，小指一侧斜向前。目视推掌方向。（图 48）

图 48

要领：退步时重心要先后移，右脚擦地退步时力达脚跟；推掌与右脚退步要协调一致，同时完成。

26. 仆步抡劈

（1）上体右转成右弓步，同时右掌向上、向右抡劈划弧至右方，左掌同时向左、向上弧形挑出，目视右掌。(图 49)

图 49

（2）上动不停，右掌继续向下经右侧向后、向上，左掌自后向上，经头左上方向前。(图 50)

图 50

（3）上动不停，右掌继续自后向上、向前、向下抡拍至右脚面击响，左掌由前、向下经体左侧向后抡至左上方，大拇指一侧向上；同时，左腿屈膝全蹲，右腿支腿下仆成右仆步。目视仆腿方向。（图 51）

图 51

要领：抡臂时要转腰松肩，两臂伸直，贴身抡成立圆，动作连贯不断。

27. 抡臂砸拳

（1）重心右移，右腿屈膝成右弓步，左掌向下、向右挑到高与肩平，右掌变拳收抱于腰间，拳心向上。（图 52）

图 52

（2）上动不停，左掌继续向上、向左、向下抡至与髋平齐，掌心向下，右拳从腰间向右、向上抡到头上方，拳心向斜上；同时左腿直立，右腿蹬地提膝，身体左转 90 度，目视前方。(图 53)

图 53

（3）右脚向下震踏作响并与左脚并步，双腿屈膝半蹲；同时右拳外旋以拳背向下砸击左掌心作响。目视右拳。(图 54)

图 54

要领：抡臂动作要圆；砸拳震脚同时作响并沉气；上体保持挺胸立腰。

第四段

28. 提膝挑掌

右脚向后撤半步，身体右转 90 度，直立，左腿随即蹬地提膝，置于左侧前方，左脚绷直并内扣；左掌向下、向左弧形摆起抖腕挑掌，右拳变掌，向下经右侧向上，眼随右掌，手掌在右腿直立时向上抖腕挑起成立掌，掌指向上，同时向左甩头，目视左手方向。(图 55)

图 55

要领：甩头、挑掌和提膝动作要协调一致，同时完成。挑掌时，双掌的小指一侧掌根向两侧撑开，注意挺胸、抬肩、立腰。

29. 击步腾空飞脚

（1）两掌同时上举在头上前臂交叉，右臂在里，随即右臂向左向下，左臂向右向下切掌至腹部后两臂分开，左手向左前向上，右手向右后向上摆至与肩平齐；左脚向左落步后跳起，右脚随即碰击左脚。(图 56、57)

图 56

图 57

（2）上动不停，左脚继续向左落步，同时身体向左转正，右脚再向前上步，作起跳姿势。(图 58)

图 58

（3）上动不停，左腿上摆，右腿蹬地跳起；同时左掌上举至头上方，右掌上摆，掌背与左掌心在头上方击响。(图 59)

图 59

（4）上动不停，右脚飞起，左脚回收，使身体腾空；同时身体略向前倾，右手拍击右脚面作响，左手同时摆向左后上方，目视右脚前方。(图 60)

图 60

要领：击步和上步要轻快，起跳时右脚跟先着地，并要向前上送髋，使飞脚向上而不要向前冲跳；头上击掌与左腿上摆同时完成，拍脚动作要在空中最高点完成；击拍准确响亮。

30. 右弓步顺冲拳

（1）上动左、右脚依次落地成右弓步；左掌向前按下，高与肩平，掌指向右，掌心向下。右掌收回腰间抱拳，拳心向上。（图61）

图61

（2）左掌变拳回收腰间，拳心向上，同时右拳自腰间向前冲出，高与肩平，拳心向下，目视冲拳方向。（图62）

图62

要领：冲右拳右肩顺出，上体向右略倾斜。

31. 左弓步顺冲拳

重心左移，右腿蹬直，右脚尖内扣，左膝弓出，左脚尖外展成左

弓步；同时右拳回收腰间抱拳，拳心向上，左拳由腰间向左冲出，拳心向下，高与肩平，目视冲拳方向。(图63)

图 63

要领：换方向时，双脚同时碾地向左转动，以便变换弓步方向，冲左拳时左肩顺出，上体略向前倾。

32. 抡臂勾踢腿

（1）左腿站起，左脚尖内扣；左拳变掌向下经腹前继续向右、向前、向上摆动；右拳变掌贴插于左大臂下侧，掌心向下。(图64)

图 64

（2）上动不停，左掌继续向上，经头上，随上体左转向左、

向前、向下抡至左后方；右臂在左掌上抡时向前伸开，随上体左转向右后上抡起。(图 65)

图 65

（3）上动不停，右掌继续由后向上、向前、向下回收至腰间抱拳，拳心向上，左掌继续向下随转体向左后、向上至左肩上方抖腕亮掌，右脚向头部勾踢，目视勾踢方向。(图 66)

图 66

要领：抡臂时要转腰松肩，抡成立圆，两脚随之碾地转动；勾踢与左掌亮相同时完成；勾踢时挺胸、收腹、收髋。

33. 弓步冲拳

上动不停，重心后移，右脚向后落步，左腿随即屈膝成左弓步；同时左掌经前下落回收于腰间抱拳，拳心向上，右拳自腰间同时冲出，拳心向下，高与肩平。目视冲拳方向。(图 67)

图 67

要领：右腿向后落步时，重心要先后移，右脚落地撑地要有力，并与冲拳动作同时完成。

34. 马步架冲拳

左脚尖碾地内扣，右腿屈膝，身体右转成马步；同时左拳自腰间向左冲出，高与肩平，拳心向下，右拳同时内旋向上架于头上方，拳心向上，目视冲拳方向。(图 68)

图 68

要领：利用转腰的力量冲出左拳。

35. 虚步架栽拳

（1）上体右转，左腿蹬直，右膝弓出，脚尖向左碾转成右弓步；同时左臂沉肘，随上体右转时立小臂外旋格向右方，右拳同时从腰间向右摆出，目视右拳。(图 69)

图 69

（2）上动不停，收左髋，同时左脚回收半步，向左前方以脚尖虚点地面，成左虚步；同时左拳内旋下栽到左膝上，拳面按膝，拳心向左后方，右拳向上抖腕到右肩上方，向左甩头，目视左前方。(图 70)

图 70

要领：虚步要虚实分明，沉髋，保持立腰。

收势

1. 弓步前插掌

左脚后撤一步伸直成右弓步；两拳回收经腰间变掌，同时向前穿出，高与肩平，掌心均向上，目视前方。(图 71)

图 71

2. 弓步分掌

右脚后撤一步伸直，向右转成右弓步；两掌同时下落经两侧髋部，以掌背部擦击髋部作响后向两侧分掌，高与肩平，拇指向上，目视右掌。(图 72)

图 72

3. **并步按掌**

右腿站起，左腿伸直收回与右脚成并步；两掌继续向上、向内经面前内旋下按至腹前成按掌，掌心向下，掌指相对相距 10 厘米左右。目视左方。(图 73)

图 73

4. **并步站立**

两臂下垂，两掌贴于大腿两侧，挺胸，立腰，目视前方。(图 74)

图 74

青年长拳单练

（一）动作名称

起势

1. 弓步格挡弹拳
2. 提膝搂手
3. 上步弹踢
4. 马步横击
5. 换跳按掌弓步冲拳
6. 退步弓步下砸拳
7. 弓步架勾拳
8. 上步弓步顶肘
9. 并步下冲拳
10. 侧弓步顶肘冲拳
11. 弓步冲拳
12. 挂腿弓步按掌
13. 丁步下砍掌
14. 马步外格掌
15. 蹬踢弓步推掌
16. 拧身上架侧弹腿

17. 弓步按劈掌
18. 撤步马步格挡
19. 撤步半马步架栽拳
20. 弓步推掌
收势

（二）动作说明

起势

并步直立（图1），两臂外旋侧平举，手心向上，目视右手，举至与头同高即内旋，两手向脸前合掌向下弧形按掌至腹前，掌心向下，掌指相对。目视左方。（图2、3）

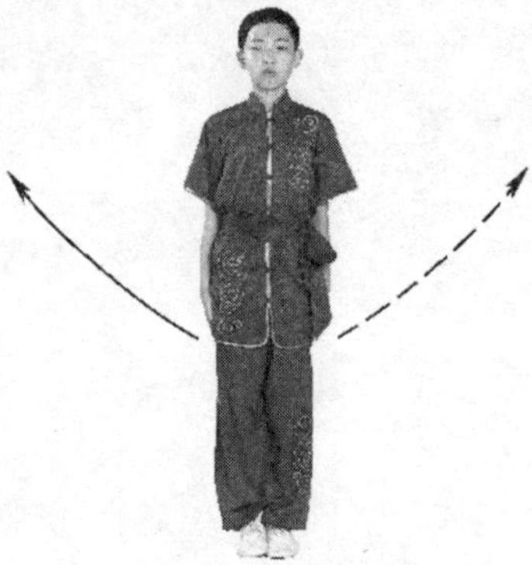
图1

图2

图 3

要领：挺胸立腰，神态严肃，身体重心在前脚掌。

1. 弓步格挡弹拳

右脚向右一步成右弓步，左手同时外旋从体侧举起，手心向上，目视左手（图 4），左手举至与肩平时立即向下屈肘，掌变拳，向右格挡，前臂斜立停于胸前，拳心向里，同时向右拧腰转髋；右掌变拳向后引肘，抱于腰间，拳心向上，目视左拳。(图 5)

上动略停（对练不停），重心左移成左弓步，左肘向上抬平，以左肘为轴，用左拳背向左上方弹击，拳眼向上，目视左拳。(图 6)

图 4

图 5

图 6

要领：由右弓步变为左弓步时，要向左转髋，两脚也同时向左辗转。

攻防含义：格挡对方来拳，以“弹拳”反击对方头、面部。

2. 提膝搂手

上体向左转 90 度，先使右拳变掌从后向上向前伸至左腕上方，左拳略内扣，两手立即向下、向斜后方搂手成勾手，勾尖向上；左脚同时迅速提起成右脚支撑。(图 7)

图 7

要领：搂手要用力并和提膝动作同时完成。

攻防含义：提膝避开对方挂腿，搂手防开对方抓握。

3. 上步弹踢

左脚向前落地，重心移至左脚，右脚立即向前弹踢。目视右脚。(图 8)

图 8

要领：弹踢时要收髋，用力。

攻防含义：弹踢对方膝部。

4. 马步横击

右脚向下落地，向左转体 90 度成马步；同时左勾变拳抱腰间拳心向上，右勾变拳由后向前平摆横击，力达拳眼，拳心向下。眼看右拳。(图 9)

图 9

要领：右脚落地后，转体转胯转脚和横击动作协调一致，快速猛烈。

攻防含义：横击对方头部或腰部。

5. 换跳按掌弓步冲拳

向右转体，右腿提起，右拳收回，抱于腰间，左拳变掌向侧向上再向下按掌于体前。掌心向下，掌指向右，眼看左掌（图10）。此动稍停（对练不停），左腿蹬地跳起，右腿落地支撑，同时左腿提起向前落步；重心前移成左弓步，右拳同时经左掌背上冲出，拳心向下，左掌同时收至右臂下，目视前方。(图11)

图10

图11

要领：先提右膝收右拳，后换跳步按掌，再成弓步冲拳，动作要连贯。

攻防含义："换跳步"是躲过对方踢向我右膝的脚，按掌是按住对方攻来的拳，将它引向自己右侧下方。向对方头部"冲拳"。

6. 退步弓步下砸拳

左腿蹬地提起，重心后移，向后一步成左弓步，同时向左转身，右手外旋使拳背向下砸击，力达拳背；左掌外旋变拳抱腰

间。目视右拳。(图 12)

图 12

要领：后移重心要快，向下砸拳时要沉胯，沉右肩。

攻防含义：退步防踢，用拳背或前臂后侧砸击对方踢来的脚面。

7. 弓步架勾拳

左脚蹬地，向右转体 90 度，成右弓步，同时右拳内旋向上架于头前上方；左拳向前上冲出勾拳，力达拳面，肘稍屈，拳面向上，目视左拳。(图 13)

图 13

要领：勾拳和上架要同时完成，并和向右转体力量相配合。

攻防含义：右拳架住对方劈来之掌，左拳打击对方下颚。

8. 上步弓步顶肘

左腿向前上步，身体右转 90 度，两臂经上向右后屈肘侧平举于体前，左肘尖向左，拳心向下，右肘尖向右拉引，立掌，掌心贴左拳面，目视左方（图 14）。随即重心迅速左移成左弓步，右掌推左拳使肘向左顶出。目视左方。（图 15）

图 14

图 15

要领：顶肘要和右腿蹬地、向左送腰胯动作合力。

攻防含义：两臂将对方劈来之掌引向右后方，迫使对方重心向我移来，顶肘攻击对方胸部。

9. 并步下冲拳

左拳变掌，以肘关节为轴向前下压（图 16）；右掌变拳，前臂外旋向后经腰间拳心向上、向前下方立拳冲出，左掌收于右臂内侧；同时右脚向前并步震脚作响，屈髋屈膝半蹲，目视右拳。（图 17）

图 16

图 17

要领：冲拳和震脚同时完成，并向下沉气，右肩前顺。

攻防含义：左掌向前压以防开对方之手，右拳打击对方腹部。

10. 侧弓步顶肘冲拳

右脚向后退一步，重心后移，身体向右转 90 度成右侧弓步；同时左掌变拳，向左冲拳，拳心向下，右臂内旋向后顶肘，拳心向下。目视左方。（图 18）

图 18

要领：重心移动快，冲拳顶肘有力。

攻防含义：避开对方的拳掌攻击。

11. **弓步冲拳**

重心移至左腿，向左转体 90 度成左弓步，同时左拳外旋收于腰间，拳心向上，右前臂经腰间向前冲出，拳心向下，目视前方。(图 19)

图 19

要领：冲拳要和腰、腿的力量协调一致，要有爆发力。

攻防含义：右拳攻击对方。

12. **挂腿弓步按掌**

身体稍起，右脚向前半步，脚跟着地，左腿稍屈；同时左前臂内旋，拳变掌，手指向上，置于胸前；右拳收腰间，拳心向上。上体略后仰（图 20）。随即，左手抓握成拳外旋收腰间，拳心向上；右手前臂内旋往左膝前下方按掌，掌心向下，手指向前；同时右脚擦地向斜后方挂腿成左弓步，力达脚跟。目视右掌。(图 21)

图 20

图 21

要领：上右腿时上体略后仰，向后挂腿和向前下按掌要配合一致。

攻防含义：左手挡抓对方弹来的左拳，右手托对方左肘或左肩，按压对方左臂，右脚跟将对方左脚挂动，使其失去重心而倾倒。

13. 丁步下砍掌

右掌收至腰间抱拳，拳心向上，身体右转 90 度，左腿并向右腿，半蹲成左丁步；同时左拳变掌从体侧举起，经前、向下、向后方猛砍，掌心向斜下方。目视左掌。(图 22)

图 22

要领：收左腿要快，下蹲和下砍掌要协调一致。

攻防含义：用掌根或前臂格开对方踢来之腿。

14. **马步外格掌**

左脚落地，右脚向右撤步成马步；左手屈肘侧上举成立掌，掌与脸同高，掌心向前。目视左方。（图 23）

图 23

要领：屈肘上举动作要快，并向头后侧格挡。

攻防含义：用左掌或小臂格挡对方横击头部之拳。

15. **蹬踢弓步推掌**

向左转体 90 度，重心移至左腿，左脚转向前；同时左掌变拳收抱于腰间，拳心向上，右腿提起勾脚尖向前蹬踢高与膝平（图 24）。随即重心继续前移，右脚向前成右弓步，同时向左转体 90 度，右拳变掌从腰间向前推出，成立掌。目视前方。（图 25）

图 24

图 25

要领：蹬踢和弓步推掌动作要连续快速有力，推掌时顺肩略向前探身。

攻防含义：用右脚跟蹬踢对方膝部，用右掌推击对方胸部。

16. 拧身上架侧弹踢

右脚尖外展，左脚跟离地，左腿稍弯，向右拧身转胯近 180 度，同时右掌变拳收抱于腰间，拳心向上，左臂屈肘内旋上架于头前上方，拳心向上。目视前方（图 26）。此动略停（对练不停），重心移至右腿，左腿提起向侧方弹出，略高于膝。目视左方。(图 27)

图 26

图 27

要领：向右转体时要降低重心，左脚可略向右脚靠近，这个动作要连贯快速、有力。

攻防含义：用左拳架开对方来拳，用左腿弹击对方腹部。

17. 弓步按劈掌

左脚向前落下成左弓步身体左转 90 度，随即右拳变掌，经脸前向下按掌于胸前并收于右臂下，掌心向下，掌指向右；同时右拳变掌，直臂由后向前劈下，掌心向左，掌指向前。目视前方。(图 28)

图 28

要领：劈掌和按掌同时完成，并和转体力量协调一致。

攻防含义：右掌劈向对方头部，左掌按住对方打击我胸部之拳。

18. 撤步马步格挡

重心移向右腿，左腿蹬地，向后撤步，并向左转体 90 度成马步；右掌变拳，屈肘，前臂立起，向左格挡至右胸前，左掌变拳收抱于腰间，拳心向上。目视右拳。(图 29)

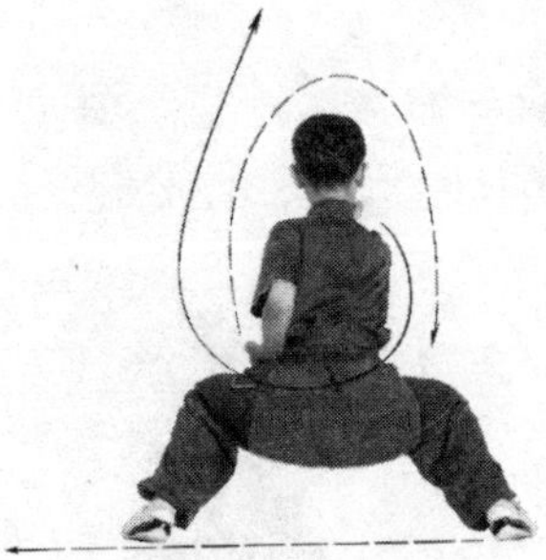

图 29

要领：撤步要快，马步和格挡同时完成。

攻防含义：用右前臂格挡对方向我胸部的攻击。

19. 撤步半马步架栽拳

重心移至左腿，右脚蹬地，经右向后撤一步，同时向右转体180度成半马步；（左脚微内扣，重心偏右腿）同时右拳随转体向下、向侧，前臂内旋，屈肘架于头上，拳心向上；左臂内旋左拳下栽左膝上，拳面向下，拳心向后。眼看左方。（图 30）

图 30

要领：向下栽拳时前臂稍向后方用力。

攻防含义：右拳背砸对方头部，栽拳格挡对方下冲拳。

20. **弓步推掌**

重心移至左腿成左弓步，右拳变掌经腰向前推出，并向左转体90度；左臂外旋，左拳收抱于腰间，拳心向上。目视前方。(图31)

图31

要领：推掌有力，右肩前顺。

攻防含义：用右掌推击对方胸部。

收势：重心右移，向右转体90度成右弓步；右臂外旋经体前向右侧、左拳变掌向左侧伸出，掌心向前，目视右掌（图32）；两手继续向上经脸前向下按掌停于腹前，掌心向下，掌指相对；左脚向右脚收并，头向左转，目视左方。(图33)

图32

图33

要领：并脚和向左转头要同时完成，保持挺胸立腰。

还原：两手下垂，头转正，目视前方。（图 34）

图 34

青年长拳对练

青年长拳分单练和对练。对练是在单练的基础上进行的，首先熟练单练，然后由甲、乙二人分别相向练习。单练中的第 1 动至第 10 动和第 11 动至第 20 动相应形成对练，双方互换动作，即可完成 20 个动作的对练。对练时注意找好距离，注意安全，初学时，可喊口令，对练时，名称在前的动作先动。

（一）动作名称

起势：

1. 乙：弓步冲拳（即单练第 11 动）
   甲：弓步格挡弹拳（单练第 1 动）
2. 乙：挂腿弓步按掌（单练第 12 动）
   甲：提膝搂手（单练第 2 动）
3. 甲：上步弹踢（单练第 3 动）
   乙：丁步下砍掌（单练第 13 动）
4. 甲：马步横击（单练第 4 动）
   乙：马步外格掌（单练第 14 动）
5. 乙：蹬踢弓步推掌（单练第 15 动）
   甲：换跳按掌弓步冲拳（单练第 5 动）
6. 乙：拧身上架侧弹踢（单练第 16 动）
   甲：退步弓步下砸拳（单练第 6 动）

7. 乙：弓步按劈掌（单练第 17 动）

甲：弓步架勾拳（单练第 7 动）

8. 甲：上步弓步顶肘（单练第 8 动）

乙：撤步马步格挡（单练第 18 动）

9. 甲：并步下冲拳（单练第 9 动）

乙：撤步半马步架栽拳（单练第 19 动）

10. 乙：弓步推掌（单练第 20 动）

甲：侧弓步顶肘冲拳（单练第 10 动）

收势

（二）动作说明

预备

甲乙双方左肩相对，相距一步，双方同时做拳术单练中的预备势，双方目相视。(图 1)

1. 乙：弓步冲拳（即单练第 11 动）

甲：弓步格挡弹拳（即单练第 1 动）

（1）乙出左弓步，右拳向甲冲击；

（2）甲撤右腿成右弓步，左臂格开乙来拳（图 2）。随即向乙头部弹拳（图 3 甲）。注意乙脚落在甲左脚前。

甲　　乙

图 1

甲　　乙

图 2

要领：甲格挡和弹拳两动作要快。拳弹到乙面部要停住，以免误伤。

2. 乙：挂腿弓步按掌（单练第12动）

甲：提膝搂手（单练第2动）

（1）乙左手挡抓甲左拳，右手扶甲左肘，同时右脚伸向甲左脚跟内侧，向后挂动甲左脚，做弓步按掌。（图3、4、5乙）

（2）甲迅速提左膝躲开乙挂腿，同时右手楼开乙的左手，双手向体后勾手。（图4、5甲）

要领：甲提膝搂手动作要快，上下动作同时完成，使乙动作落空。

甲　乙

图3

甲　乙

图4

3. 甲：上步弹踢（单练第3动）

乙：丁步下砍掌（单练第13动）

（1）甲左脚落地后，向乙腹部弹踢右脚。（图6甲）

（2）乙随即收左步成丁步，左掌下砍，将甲腿格开。（图6乙）

要领：甲上步弹踢要连贯有力，乙可用掌根或小臂内侧格打甲的右脚或小腿，身体下蹲。

甲　　乙

图 5

甲　　乙

图 6

4. 甲：马步横击（单练第 4 动）

乙：马步外格掌（单练第 14 动）

（1）甲右腿下落成马步，向乙头部横击右拳；

（2）乙随即撤右腿成马步，并用左掌自下向上将甲拳格开。（图 7）

甲　　乙

图 7

要领：甲马步横击时可向乙方探身，乙用左掌或前臂格挡甲拳，上体可向右侧稍倾以躲来拳。

5. 乙：**蹬踢弓步推掌**（单练第15动）

甲：**换跳按掌弓步冲拳**（单练第5动）

（1）乙右脚踢甲右膝；

（2）甲立即收右拳并向后向上提右膝（图8）；

（3）乙右脚落地立即用右掌推击甲胸部（图9乙）；

（4）甲左脚稍跳起，空中右脚向后落，左脚落在乙右脚前，左掌按住乙右掌，将乙右掌引向右侧，向乙面部冲右拳插右掌。（图9、10甲）

甲　乙

图8

甲　乙

图9

甲　乙

图10

要领：乙蹬踢和推掌动作要连贯，甲跳起换脚要及时，并根据乙的上步动作适当向后跳，以调整二人距离。乙推右掌时，甲才能按掌，不能早按。

6. 乙：拧身上架侧弹踢（单练第 16 动）

甲：退步弓步下砸拳（单练第 6 动）

（1）乙向右拧身，用左前臂向上架住甲掌，立即用左腿向甲腹部弹踢。(图 10、11 乙)；

（2）甲随即撤左步成左弓步用右拳背砸向乙脚面。(图 11 甲)

甲　　乙

图 11

要领：甲撤步要快，用右拳背或右前臂后侧砸击乙脚面。

7. 乙：弓步按劈掌（单练第 17 动）

甲：弓步架勾拳（单练第 7 动）

（1）乙向下落步成左弓步，右掌砍向甲头部。左掌同时下按保护腹部（图 12 乙)；

（2）甲成右弓步，右手架住乙右掌，同时用左勾拳打击乙腹部（被乙左掌按住)。(图 12 甲)

图 12

要领：双方动作均同时完成，注意配合。

8. 甲：上步弓步顶肘（单练第 8 动）

乙：撤步马步格挡（单练第 18 动）

（1）甲向乙方上左步成左弓步，并用左肘顶向乙胸（图 13 甲）；

（2）乙立即撤回左步成马步，并用右前臂将甲肘格挡开。(图 13 乙)

图 13

要领：甲上步和乙撤步要同时，甲左脚在乙右脚前面。

9. 甲：并步下冲拳（单练第9动）

乙：撤步半马步架栽拳（单练第19动）

(1) 甲左手将乙右手压开，同时向前并步用右拳冲向乙腰腹部（图14甲）；

(2) 乙立即撤右步，用左栽拳向后下方格开甲拳。(图14乙)

甲　　　　乙

图14

要领：甲冲拳时上体前探，并步可震脚作响。

10. 乙：弓步推掌（单练第20动）

甲：侧弓步顶肘冲拳（单练第10动）

(1) 乙向甲胸部推右掌（图15乙）；

(2) 甲撤步成右弓步并向右顶肘，同时打出左拳抵挡。(图15甲)

甲　　　　乙

图15

要领：此动双方虽未接触，但甲乙双方两目相视，从神情到动作，需要表现出各不相让之意。

收势

双方各做单练中的收势，双方对视。还原。(图 16、17)

[双方可不做收势，各做对方原来的动作，即甲接做弓步冲拳(第十一动)，乙接做弓步格挡弹拳（第一动）（图 18)。依次继续下去，当甲从弓步冲拳（第十一动）做到弓步推掌（第二十动）乙从弓步格挡弹拳（第一动）做到弓步顶肘冲拳时（第十动)，双方接做收势。这样甲乙双方打完青年长拳单练中的全部 20 个动作。]

甲　　乙

图 16

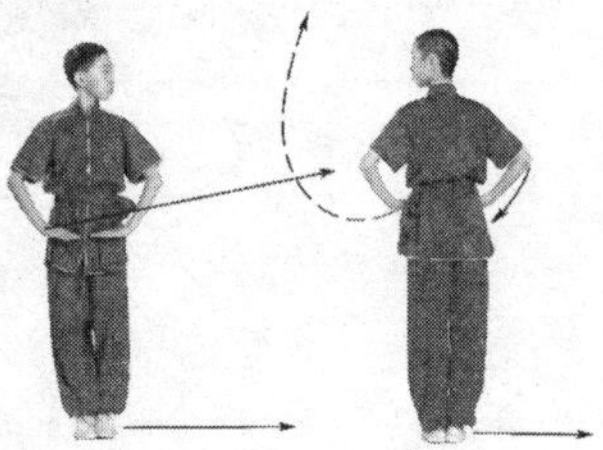

甲　　乙

图 17

甲　　乙

图 18

主要参考书目

1. 全日制十年制学校《中学体育教学参考资料》北京教育学院 1980 年 11 月出版。

2. 《文娱体育活动全书》中国青年出版社 1982. 11 出版。

3. 体育系通用教材《武术》，体育院系教材编审委员会《武术》编写组编 1978 年 9 月出版。

4. 高等学校教材《武术》，武术教材编写组高等教育出版社 1996 年 6 月出版。

5. 体育学院专修通用教材《武术》，全国体育学院教材委员会审定，第三届国家体委优秀教材一等奖，人民体育出版社 1999 年 6 月出版。